回望

家人眼中的徐志摩

张幼仪 徐积锴 徐善曾 著

江西教育出版社
JIANGXI EDUCATION PUBLISHING HOUSE

图书在版编目（CIP）数据

回望 : 家人眼中的徐志摩 / 张幼仪，徐积锴，徐善曾著. -- 南昌 : 江西教育出版社，2017.9
ISBN 978-7-5392-9765-1

Ⅰ. ①回… Ⅱ. ①张… ②徐… ③徐… Ⅲ. ①徐志摩（1896-1931）—人物研究 Ⅳ. ①K825.6

中国版本图书馆 CIP 数据核字(2017)第 219368 号

HUIWANG JIAREN YAN ZHONG DE XUZHIMO
书　名　回望——家人眼中的徐志摩
作　者　张幼仪　徐积锴　徐善曾
出版者　江西教育出版社
社　址　南昌市抚河北路 291 号　邮编：330008
经　销　新华书店
印　刷　江西省和平印务有限公司
开　本　787 毫米×1092 毫米　1/32
印　张　7.75 印张
字　数　101 千字
版　次　2017 年 11 月第 1 版
印　次　2017 年 11 月第 1 次印刷
定　价　**36.00 元**
ISBN 978-7-5392-9765-1

赣教版图书如有印制质量问题，请向我社调换
联系电话：0791-86710427

赣版权登字-02-2017-520

目　录

辑一

辑二

辑三

附录

辑一

幼仪与志摩

◀1921 年，张幼仪从中国赴欧与徐志摩相聚

张幼仪

我与志摩

从刚出生起，徐家人就很溺爱我的儿子徐积锴。他们给他裹上最好的棉布襁褓，一哭就会有佣人或奶妈来安抚他。他第一个玩具是一枚小小象牙雕如意，象征着“如君之意”。他祖父母曾说这唯一的孙子，对他们来说比家财万贯还要宝贝，并用向一百个家庭讨来的钱，专为他造了个小小的铁锁。用一条金链将这种“百家锁”挂在他脖子上，意味着用一百户人家的关爱和祝福“锁

住”徐积锴的一生，也代表他给全家人带来的幸福快乐。

我们为其命名为“积锴”，意思是“良铁”，取金属象征强韧、正直、魄力和正义之意。他好奇的天性颇得家人欢心，不久大家又给他取了个“阿欢”的小名，意思是“快乐”。徐家祖母要求我们经常带孙子去看望她，老太太也开始将每日纳鞋的功课改成了缝制婴儿衣裳。

我分娩之后相当虚弱，但还是迅速恢复过来，盼着照料我的儿子。但不久我就发现，不但我在徐家的一切社交行为都要受到约束，就连我想尽个当母亲的职责也被严格管制。阿欢是徐家的血脉——自然有徐家祖母、老爷和老太太负责将他抚养成人。我只能偶尔照料他一下。我抱他的时候，公婆就会来纠正我的行为；我给他洗澡时，也有育婴女佣在一旁看护。晚上又会有奶妈睡在婴儿床边的地上，替他守夜。

我出嫁前妈妈曾跟我说：“永远不要拒绝，只能说是”。所以我也从来没有违逆公婆。但现在我发现自己得放弃一切来取悦婆家——比如外出，上学，甚至还有我自己的孩子。我很庆幸自己的儿子和儿媳现在住得离我很近，这样我们就可以经常见面。在阿欢出生的头七年，我从来没有尽到一个母亲对儿子应尽的职责。

阿欢出生满百天时，有个佣人在他面前摆放了一个盘子，其中装着裁缝的尺子、算盘、徐志摩的毛笔，以及一些硬币。我们都围绕在阿欢身边，看他会先抓哪样物件，以此判断他将来有多大出息。阿欢先是好奇地盯着整个盘子，只是在辨别这些物件。之后来回打量着算盘（商人的工具）和尺子（匠人的工具）。最后，他的双眼终于定格在盘子中央的一个物件，他对它明显表现出了兴趣，终于伸手抓起了徐志摩的毛笔。

真是个聪明的孩子！我很自豪。这意味着我儿子有望成为和徐志摩，还有我哥哥一样的读书人。

老爷乐得把阿欢举到了半空："又是一个读书人！我们的孙子将来会用钢笔！"他用重要的政府公文中常出现的一句话向老太太宣布："落笔无悔。"老爷希望取金属铁之名的阿欢，将来可以写政府文书。

几个月之后，也就是1918年秋，第一次世界大战即将告终时，我们家又给阿欢庆祝了一番。当时已从德国回来，负责经营上海一家独立报纸的二哥，打算与梁启超一行人作为非官方代表团去参加 1919 年的巴黎和会。我只在回娘家时与准备动身出发的二哥匆匆地见了一面。

二哥问我："你什么时候去和徐志摩团聚？"

我只是惊讶地望着他。徐志摩已经在美国待了半年，我也从来没考虑过跟他团聚的事情，因为我认为自己的职责就是与公婆做伴。

而二哥似乎明白了我的心事："你已经尽到了对徐家的义务，现在该去和丈夫团聚了。你甚至还可以在国外读书。"

像现代女人一样去海外读书？像徐志摩和我哥哥一样学外语？这个念头深深吸引了我。而后我又想起了公婆。徐家会准许我去美国吗？他们会支付我的学费吗？我告诉二哥只有徐志摩要求我去，徐家人才会给我放行，他们不想拒绝自己的儿子。

二哥安慰我："徐志摩会让你去的，他会想让你了解一下西方世界。"

因为我哥是徐志摩的好友，所以我相信他的话，回到硖石开始盼望此事成真。我已经和徐家人同住将近四年，而同徐志摩共处的时候却不过是他休假时的四个月。我真希望自己也能像哥哥们一样，和徐志摩轻松地搭上话。我想成为助他赢得功名的贤内助。有一次我还幻想我们俩在简单的家中过着二人世界，他读书我做饭。另一次我还想象自己穿着西裙，手里捧书，就像与大姐在师范预科学校的日子一样，和徐志摩并肩走向教室。

现在，每次家人宣读徐志摩寄来的书信时，我都盼着他能提到我。徐志摩在信中总是先问候双亲，然后再问阿欢的情况，最后才会提到我。这是一种非常孝顺的行为——在公婆面前，夫妻之间应该保持距离。有一次徐志摩在信中要求我整天都要陪伴在阿欢左右，并写下他说过或做过的一切。另一次他要求看看阿欢涂鸦的画作和字迹。但他还是没有提到要让我们去美国。

1919 年春，中国获知巴黎和会达成的协议条款——协约国秘密达成的协议之一就是将山东省（孔子的出生地）割让给日本。协约国的这一叛举立即引爆了国人数年来对帝国主义强权的积怨。1919 年 5 月 4 日，三千多名学生在北京天安门广场进行大规模游行，要求政府拒绝这一卖国条约，高喊："打倒帝国主义！还我山东！""抵制日货！"

第二天人们又组织了大规模的抗议罢工，各大城市的学生也都自发组织了游行示威活动。这种爱国精神席卷全国，成千上万工人集会抵制日货。6 月 5 日，上海约 2 万名工人的罢工活动，令包括日本棉厂在内的许多企业遭受重创。

老爷暂时关闭了在上海的某些店面，每天只待在硖石的家中看报纸。政府最终还是释放了被关押的学生，中国没有接受该和平协议。学生和工人们取得了胜利。

从欧洲回来的二哥对这些游行成果备感振奋。之后他又问我："徐志摩有让你去找他吗？"

我摇了摇头。

他说："他这么久都没让你去，这其中一定有什么不对劲。"

二哥说完这些话后，我突然回忆起一年前我怀孕时，徐志摩和我说起的一些事情。他说中国正在发生一些主张自由、打破旧传统的变化。他像一只笼中困兽一样在屋内踱步，他说他想挑战这些阻止他按照自身意愿行事的旧习，成为中国离婚的第一人。

我当时对他这番话颇为震惊，但并没有太忧虑或不安。我还是个孩子时，只听说过女方不忠、善妒或不能孝奉夫家时才会被休。当然，我从没犯过这些过错。另外我还听说，离婚是女人的奇耻大辱，娘家人也容不下她，所以她只有三条路可走：卖身、出家或自杀。我不相信徐志摩会把我逼到这步田地。我了解徐志摩的背景和他的家庭。

所以我当时并没太在意徐志摩提出想离婚的这番话。我认为他只不过是想离开这里去西方，想按西方习惯行事而已。

但听了二哥这话，我耳边又响起了徐志摩的那些话。青年学生的游行活动让我相信徐志摩说得对：一场变革运动正席卷全国。我想这可能就是徐志摩没有让我和他团聚的原因之一，因为他认为我并不想去国外；他并不认为自己可以带乡下土包子出国。

我从来不敢向公婆提起自己想出国的事。二哥说他可以替我问问老爷。老爷在上海经商时，二哥经常同他喝茶。后来他们再碰面时，二哥就问：“如果徐志摩继续在国外读书，而幼仪一直待在硖石，他俩的思想差距会越来越大。”

老爷回答:“她得在家陪老太太。她还得照顾孩子。”

徐家非常传统，不想让我出国。他们相信我属于这个家。他们笃信女子无才便是德。当然，他们的想法也自有其道理。无知且无欲无求的女孩，远比不断学习求知的女孩更容易管教。但这都是老观念了。他们不明白如果我有点学问，这对他们的孙子更有好处。如果我有学问，就可以传授给孩子，会更胜任母亲的角色。

就在徐家人考虑究竟要不要让我出国时，我央求老爷给我找一名家庭教师。老爷的兄弟还有三个未出阁的女孩也想上学。我就和这三个年轻女孩一起上课。到婆家终于允许我去和徐志摩团聚时，我已经在家上学一年，但他们同意给我放行，却并非打算让我出去读书深造。

我想公婆之所以放我出去，是因为他们也怀疑徐志摩有点不对劲。他放弃在哥伦比亚大学的博士学位，前往欧洲的做法，的确让所有人出乎意料。他的家书也透露出他的不安和压抑感。这让他的父母很是担心。

虽然我得把才满两岁的儿子留给家中的公婆，但我还是很高兴自己终于得偿所愿。不过徐家要求我和另一家人一起出行。男人独身出行并无不妥，但一个女人孤身在外总是不安全的。所幸有家来自西班牙领事馆的中国人——丈夫、妻子和两个孩子正准备前往马赛。所以我们就一起搭乘汽船结伴而行。我并不需要替他们看管小孩，我只是坐在自己的包间里。

晚上我躺在船上时，不断地想着见到徐志摩第一面时应该怎么表现。我还想起了同他在一起时漫长的沉默——他刚开始时是怎么唤我“乡下土包子”，想到这里我的心情就很沉重。现在我跟夫家的人住了五年，但还是不了解自己的丈夫。我努力告诉自己，我们之间的隔阂并没有那么遥远。登船时我想起了自己那么努力地向老师学习，满心希望徐志摩会发现我现在已经很有文化了。我也想在西方努力学习，学会英语。

汽船上的其他乘客得知我要前往海外同丈夫团聚时，都连声说我真幸运，他们说你丈夫真好，会让你去和他团聚。而我却什么也说不出口，因为我清楚徐志摩并没有让我去，我不过是被夫家派去的人。我想公婆同意我出行，无非就是想让我去提醒徐志摩不要忘了他对家人的责任。

三周过后，当船终于到达马赛码头时，我倚在甲板上，迫不及待地等船靠岸。然后我就在人群中看见到徐志摩，只是这一瞥就让我的心被冰霜冻结。他穿着长长的深色羊毛上衣，脖颈上围着白色的丝围巾。我从来没见过他穿西服的样子，但还是一眼就认出了他。他的马车肯定错不了，很容易识别，人群中只有他一个看起来是那么不情不愿地出现在这里。我们分别的时间实在太长久了，我都忘了他这样看我的模样，他的目光直直地越过我，好像我并不存在一样。

在海上漂了三周，我上岸都觉得脚下的地面在颤抖，除此之外并无其他变化。当我站在徐志摩面前时，我脸上已经恢复平静——没有表现出渴望、快乐和希冀。这一刻我开始恨徐志摩将我石化成了这副死板、僵硬的模样。他其实一直都这样。我怎么能指望我们之间还有话可说，寄希望于他把我当成他世界里的一部分?

他说，他想去看看巴黎，所以我们就直接从码头走向了火车站。我们甚至在火车上都很少交谈——可能提到了一两句有关我的行程和家人安好的情况。我们到达巴黎时的其中一次停歇是在一家百货商店，他和那里的导购员替我挑了一些外国衣裳。那些我从硖石商铺里精挑细选，前一晚上小心翼翼地叠放在箱子里准备拿出来穿的衣服，现在都成了笑话。

我不知道徐志摩讲的是什么语言——他应该讲法语，不过我不认为他懂法语，但他还是喋喋不休地同导购员交谈，为我挑衣服。他摇了摇头说，不，然后冷冷地上下打量着我，不要那件。那一件怎么样?他拿起来给我比对了一下，这是我上岸后他第一次碰我。我看到自己在镜中穿着长裙，长袜紧贴大腿的样子，皮鞋在脚下沉重而紧绷的感觉，我都认不出自己了。我们还买了一顶帽子。那一天我穿着这套新行头，我们一起合拍了张照片，把照片寄回去给老爷和老太太看，好让他们知道我们已经团聚，在这个陌生的国度过得很好。

我们从巴黎飞到伦敦时乘坐的飞机太小了，所以我不得不紧挨着他坐下，两个膝盖都跨在他膝上。我从来没坐过飞机，拿了个纸袋呕吐。我并不害怕，只是飞机上的空气质量真的很差，班机又很颠簸。在我反胃的时候，徐志摩就别过脸去，厌恶地摇摇头："你真是个乡下土包子。"

不久之后，他自己也开始往纸袋呕吐了。我就温和地说："哦，你也是个乡下土包子了。"无须心怀多大恶意，这话本身就已具备足够的杀伤力。

徐志摩的两个朋友到伦敦机场接我们。显然巴黎到伦敦的日常航班是一年前才刚开放，所以他的朋友一见到我们就急切地问航班的情况。徐志摩突然又恢复了精神，兴致勃勃地用英语和他们交谈起来。这些朋友都是中国人，我们完全可以用中文交流。但徐志摩却并不愿意讲中文，所以这三人就旁若无人地攀谈起来。有一个朋友每分钟都要勒紧一下他的裤子，另一个每次紧张地抽搐时都要皱起半张脸。

待我俩独处时，我对徐志摩说：“这就是你的朋友吗？”但他只是空洞地看了我一眼就别过脸去。

我们在伦敦一家似乎聚集着所有中国人的俱乐部歇了下来。当时有许多中国人在那里，大家彼此认识，都是因这样或那样的原因而到此读书。那些认识徐志摩的人见到我时就睁大了眼睛，似乎非常惊讶。徐志摩已经在英国独居了一年，在伦敦经济学校上课。

我们相互用中文交谈，吃着中国菜，就连徐志摩也好像收敛起他那套西方做派。他抿嘴喝茶，有时候会换一件长马褂下楼用餐，我们就在那里和其他中国人一起吃饭。我也不清楚，这是不是因为他喜欢穿着中国服装吃中国菜。

餐厅旁边就是大堂。用餐后所有人都会聚在那里聊一些国家大事，谈诗论文。那里的女人相当多。我并不多说话，只是静静地坐在那里听。其中有些人知道或仰慕我二哥和四哥，他们把这些告诉了我。

有个人问我从哪里来，我回答说是硖石时，他就问起我是哪家人。我答曰徐家。

他说："哦，那家是不是有人叫徐申如？"

我说："没错，那是我公公。"

他又说："哦，那真是个很富庶的家庭，是浙江省最富的人家之一。"

他会说出这番话着实令人惊讶，因为在中国谈论钱财是一种非常无礼的行为。我就不知道该如何作答了。

经过很久的停顿，我终于说："可能吧，但我们年轻人不参与这些生意。"

我从一开始就知道自己可以在西方有不同举止。我可以上街，自己随处看看。但我没有这么做。直到今天我也没弄明白，为何当初我什么都没做，成天只是守在家里等徐志摩回来。当时我甚至没有悟过来，自己其实可以过得很独立。

他所有时候都在忙自己的事情，好像我并不存在一样。他总是忙进忙出地处理自己的事务。他想以特殊学生的身份进入剑桥大学国王学院学习文学，计划搬到剑桥去住。所以他得打点住宿和行程安排。徐志摩让我自己待在屋里，一切由他处理。所以我就一直失落地坐在伦敦中心的这家中国俱乐部中，因为其他所有中国人，甚至是女人都有自己的事情要忙，或者有自己的学业，而我却无所事事。徐志摩偶尔也会回来一趟，但马上又会出门，他似乎很惊讶为何每次都看到我静坐在那里。我在心里默默回答他，我还能去哪里呢？但也许他认为每次他抛下我时，我其实就消失了。

最初我认为是自己的无助让徐志摩如此排斥。但其实远不止这些。正如他现在每天早上都要穿的带立领的笔挺衬衣，以及三颗扣子的毛呢外套一样，他对我来说就是个外国人。他对我很陌生。他说话的间歇会点根烟，而不是拿着折叠扇，还喝加糖和牛奶的浓茶。

他实际上来自完全不同的世界，用地道的英语与一名叫戈兹沃西·洛斯·迪金森的外国人交谈，他曾有一次将此人请进屋子。徐志摩唤迪金森为“戈尔迪”，我得知此人是安排徐志摩进剑桥大学的人。徐志摩与朋友相处时总是很愉快，但只见过一面，看到这两人在一起时，我就知道徐志摩与迪金森的关系非同一般。我见过他丰富的肢体语言，也听出了他语气中对此人的敬重。而当徐志摩送迪金森出门回到屋子里后，我又看到了他眼中对我的厌恶。

我反感徐志摩如此对待我。他从来没有恶语伤人，但到了晚上时他就会因为我的存在而闷闷不乐。太阳升起时，他不需要和我四目相对时，就会变得平静，甚至会对我和颜悦色。而当黄昏降临时，他的脸上又不可避免地蒙上了一层阴郁，到了晚上他向朋友道晚安后，他似乎才真正地感觉到我们被束缚在一起的命运。自从我到来后，我们就一直机械而毫无感情地行使着夫妻责任。有一次他在我身边躺下后，我甚至能听到他的呼吸变得狂躁而受挫——他厌恶我这具躯体的存在，而此刻他最需要的却是摆脱我，他为我们之间的关系感到抓狂。

早在伦敦的时候，我就怀疑徐志摩有个女朋友。我们坐在汽车上时——可能是我们去索斯安普敦的那一回，我独自坐在车尾，而徐志摩和一位男性朋友站在车前的司机驾座边。我从司机后视镜的反射中可以看到，徐志摩和他的朋友正热络地交谈。有片刻工夫，我甚至没有注意到他们，直到我看着他们的时候，才发现徐志摩示意他的朋友小点声，同时指了指坐在车尾的我。徐志摩到底有什么事情在瞒着我?

而我也不知道他究竟为何要如此费心地瞒我。也许是因为他对这种事情的处理方式非常西化。在中国，男人纳妾是非常正常的事情。他家就选了位大太太，也就是正妻，但男人还可以根据自己的财力挑小太太，也就是姬妾。正妻不可反对丈夫纳妾。事实上，她还应该宽容大度地迎妾入室。善妒可是男人休妻的“七出”之一。

通常男人会出于两个原因纳妾。首要原因就是正房不能生子。比如，徐志摩的导师梁启超的正妻到了三十多岁，和梁启超居住在日本期间还没有生子，只得了一个女儿。因为自觉无法向梁家人交代，她就回国替丈夫挑了一位小妾，把她一起带到了日本。这位正妻的家教很好，她清楚自己对梁家的责任。

男人纳妾的第二个原因就是他需要这个女人。据佣人所言，老爷想要很多女人——各填东西南北房。他可以随意给家里填房，而老太太也只能接受。

那天在汽车上我真恨自己内心涌起的失望。我努力想让自己的眼睛盯着窗外的风景，我早该料到徐志摩已经找了一位女朋友。不然他过去这两年为什么一直待在国外没叫我来？

（本文据张幼仪口述、张邦梅记录以英文版《幼仪与志摩》一书译出，翻译者为张邦梅）

◀张幼仪像

张幼仪
西服难容小脚身

我们搬到了距离剑桥大学60英里远左右的沙士顿，多亏戈兹沃西·洛斯·迪金森的帮助，徐志摩将以文学专业特殊学生的身份进入国王大学。我们租了一处带有两间卧室的小屋，从客厅的凸窗还可以俯视一条肮脏的小道。我们这条街上只有三幢房，我们小屋周围全是羊儿放牧的草地。我们屋后是一处抬高的门廊。更远处则与我们家在中国的后院一样，有一口小小的池塘，周围长满了青草和灌木。

一开始，我满心想学习。徐志摩就给我请了一名家庭女教师来教我说英语。在课程结束时，我已经掌握了英文字母表，也能说一些“早上好”等简单的对话，那个女教师因为路途太远决定中止课程。过后我再回想自己当初为什么不央求她或徐志摩继续让我学，我想可能是因为还有太多其他的事情要忙了——我得采购、打扫卫生，还得做饭。

我来英国是为了和丈夫团聚，学点西方礼仪，但我每天做的尽是些打扫屋子、洗衣、买菜和做饭这等琐事。数年后我同第二任丈夫苏医生在沙士顿故地重游时，仍然很惊讶为何自己当初会甘愿在这小屋里做这些杂事。我就像中国的佣人一样，乘汽车去市场，再把食物拎回房子。我们每隔几周会收到徐家寄来的包裹——中国的食材，但多数时候我都是孤身一人。我真不知道自己是怎么打发这些时间的，我什么也不懂，手头常常很拮据。徐志摩很少给我补贴家用的钱。甚至市场离我们也很远——大多数时候，我得在蔬菜贩子的货车停在我们屋前时，我才能去买些新鲜蔬菜。那时候的我真是无知！我记得客厅的壁橱里有台奇怪的机器，而我当时却不知道那就是吸尘器，所以我依旧用扫帚扫地。

我是不是认为我丈夫在这里对我就会表现得更亲近？在中国，夫妻之间应该保持距离，在公婆面前尤其如此，以示尊重。但在欧洲只有我们小两口了，徐志摩和我完全可以做自己想做的事情。但只有徐志摩做到了，他来去自如，完全视我为无物。他依然每天回家吃午餐和晚饭，可能是因为我们太穷了吧。如果饭菜可口，他只是一言不发。如果饭菜不合意，他也依旧什么都不说。他的思想在别处神游，只惦记着书籍和文学，在东西方文化之间穿梭。

你们现在的年轻人知道怎么讨论事情。你们面对丈夫可能什么话都能聊，但我那时候觉得自己根本无法和徐志摩交流自己的想法。我觉得自己没有任何言语可说，我知道自己很古板，但要改其实也不难。毕竟我已经身在国外——我可以去读书，让自己更有文化。但徐志摩并不想了解我，他不跟我聊天。我可以跟自己的哥哥们说上话，他们也像徐志摩一样有学识，而我同自己丈夫的对话却不过是："你懂什么？你能说什么？"他骑自行车往返于沙士顿车站和剑桥，有时候会搭汽车去学校。每天早晨，即使他不需要去剑桥时，也会一溜烟地奔出去理发。我不太理解他这个行为。我认为他完全可以在家随便修剪一下头发，这样也好省钱，因为我们似乎总在等老爷的支票来接济生活。徐志摩做的其他许多事情，我根本就插不上话。

就拿郭先生的事情来说吧。他叫郭虞裳，我也不知道为什么此人会突然搬进我们住的屋子。我想这可能是因为徐志摩需要这笔房租费吧。现在我再想想，郭先生原来可能是自己独居，徐志摩就跟他说了住在这里有多少好处，还可以吃到我煮的上海菜。也可能是因为徐志摩根本不愿意单独与我朝夕相对。不管是什么原因，总之郭先生就是搬了进来，住进了另一间徐志摩原来作为书房使用的卧室。与徐志摩不同的是，郭先生并不常去剑桥，而是每天都待在屋里读书。所以他有时候也会和我一起去市场，他去散步时会在本地食杂店帮我带些东西。我很感激郭先生这段时间的陪伴，至少他还愿意和我说上几句话。

我白天很少见到徐志摩，他总是待在学校。有一次，他带我去剑桥看船赛，另一次是带我去看瓦伦蒂诺电影。我们只能白天去看电影，因为晚上就没有公车可以回来了。我们本打算去看卓别林的电影，但在去的路上碰到了徐志摩的一位朋友，对方称瓦伦蒂诺的电影更好看。徐志摩就说好吧，于是我们这一行人就改道去了相反的方向。徐志摩总是这样，愉快，好性格。他是一名艺术家，一位梦想家，我却恰恰相反。我们本来要看卓别林电影，结果却临时改变主意的做法让我甚是不快。瓦伦蒂诺出现在大屏幕上时，徐志摩和他朋友都和观众一起连声鼓掌，而我只是静坐在黑暗中，把手搁在大腿上。

我们在沙士顿的生活很不幸。现在我再看剑桥，就会想到我本可以在那里做的一些有趣之事。我本可以沿着那些旧桥漫步，欣赏那些古朴的建筑。我本可以坐在康河岸边，欣赏自然风光。我在硖石时就盼着去外面走走看看。但家人并不允许我独自上街。而在沙士顿，我已经有这种机会了，但我却没有这么做。

夏天来临时，我感到了自己身体的变化。我原来在家怀着阿欢的时候，早晨时就会感到恶心和虚弱。在硖石我希望也必须生个孩子。但在这里我却不知如何是好。我怀孕时还怎么料理家务？我可以在这里生养个孩子吗？我是不是该回硖石？我思忖了多日，不知如何把这个消息告诉徐志摩。有天下午郭先生不在时，我就把事情告诉了他。

徐志摩马上说：“把它拿掉。”

我此生从未料到自己得到的竟然是这样的回答。据我所知，当时的人流很危险，有性命之忧。只有走投无路的女人——发生婚外情，或者全家快饿死，无力喂养另一张嘴时，才会冒险去堕胎。

我说：“我听说有人死于堕胎。”

徐志摩只是冷冷地回答：“那还有人死于火车肇事呢，大家就不再坐火车了吗？”他不耐烦地转过脸去。

我又问：“那我该去哪做人流？”

他摇了摇头：“你会找到地方的，做人流在西方是很普遍的事。”

在中国，生孩子，尤其是生了个儿子可是件大喜事。孩子是延续家庭血脉和获得祖先庇佑的好事。我父母和公婆都会很激动。但徐志摩却并不在意这些事，他接纳的是西方的另一套惯例，希望我去把孩子拿掉，就好像这是见不得人的丑事一样。如果我父母知道他打掉了他们的另一个外孙，究竟会有何感想?

我们小屋隔壁住着另一对何姓中国夫妇。他们都在剑桥读书，听从徐志摩的建议搬到了沙士顿。他们的小屋在离这条小路更远的地方，他们经常抄近路穿过我们后院去学校。我和徐志摩这番对话发生后的第二天，我正在后门廊那里晒衣服时看到何夫人走了过来，我向她挥手致意。

几分钟后她走上了门廊的台阶问候我：“你还在忙呀。我刚才还在想要不要去城里时顺便看看你。”

我一整个上午都在想要堕胎的事情，决定向何夫人打听一下情况。为免她再追问，我就尽可能快速地将事情全盘托出。

何夫人倚在门廊的扶手上，好像每天都在跟我谈堕胎的事情一样，漫不经心地说："伦敦今年刚成立了首家节育诊所。也许你可以在那里做人流。"

我问："但那里安全吗？"摆弄着正在晒的一块桌布上的图案，避开了这位邻居满是疑问的目光。

她回答："我不知道。"停顿了半晌，似乎又记起了什么，"实际上，我听说在法国做人流比在英国更安全。"

她继续强调性地总结这次对话："所以，如果我是你，我就会去法国做。"

说完她就走下台阶准备继续赶路了，我向她道了谢。对她来说，做人流似乎是个再简单不过的决定了。可她怎么会知道这么多信息？她自己也做过人流吗？所有移居到西方的中国女人都会这么做吗？

我不理解。我们的孩子是老天对徐家的恩赐，为什么还有人想毁掉它？徐志摩，孩子的父亲怎么能如此铁石心肠？如果他担心我无法在这里生养孩子，我为什么不能直接回硖石生下它？

在我们这场婚姻中，徐志摩和我从来就没有什么深度对话。但因为他是我哥替我挑的夫婿，我也了解他的家教背景，所以我相信徐志摩。我认为他是个忠于家庭和家族的正人君子。我曾希望将此生托付给他，余生都唯他马首是瞻。在徐志摩让我去堕胎之前，我从来就没有质疑过他。

但现在，日子一天天地过去了，我发现自己一直在盘问这个男人，我究竟怀的是谁的孩子。也许我对徐志摩的看法一直都是错的，我只是一厢情愿地将他想象成了能够以自己的学术成就给家族带来荣耀，对父母孝顺的好丈夫？若真是如此，那么四哥、老爷和老太太也同样错看了他。我不相信他们会看走眼。

但如果徐志摩的确言由心生，那他就不是我嫁的那个男人，不是那个给父母写家书，遵父命要待我如妻子的男人。他其实还是一个截然不同的男人，一个不但身穿洋装，连观念都已经西化的男人。他的这些变化让我很是困惑。这究竟是因为迪金森和其他我不认识的人，还是郭先生对他产生的影响？还是因为他的学业和读书？这就是徐志摩发生变化的原因吗？

二哥当时在西方逗留的时间比徐志摩还长，但他的思想态度并没有这么大的转变。也许这和时间长短无关，只和人有关。也许有人更容易被同化，有人并非如此。我还小的时候，就听二哥说过，我出生于一个转型的时代。果真如此的话，也许现在就是我该积极改造自己的时候了。如果我不想让自己和徐志摩走得越来越远，或许我该做的就是：鼓足信心，打掉孩子。我之所以决定这么做，并不是为了服从徐志摩，而是为了理解他。我会为这次堕胎做出最大的努力——甚至冒性命之险也在所不惜。

那年九月初，我们终于等来老爷和老太太每月寄来的支票，以及一些冬瓜和其他中国蔬菜时，我依旧怀着身孕。堕胎的费用很贵，我的肚子已经开始显怀了，我认为徐志摩会安排好这一切。虽然我已经做好了接受人流的准备，但徐志摩却并没有再提起此事。我不知道他这是什么意思。我希望他改变了主意，但自从我来到这里，另一桩事情开始浮出了水面。

有天早晨，徐志摩对我宣布：“晚上有个客人要来家里吃饭。她是我在爱丁堡大学的一个朋友。我准备带她到剑桥转转，然后带她来家里吃饭。”

我们这屋子之前从来没有客人来过，所以我非常惊讶。但我只是朝徐志摩点点头，问他该几点做好饭。

他说：“早一点吧。”

我告诉他那就五点吃饭。

他说：“好。”然后又匆匆出门理发了。

我一整天都在打扫屋子、买菜和备饭。你知道我当时在想什么吗？我想象自己要见的是徐志摩的女朋友，也就是他准备娶回来当二房的女人。

我刚来到这里，看到徐志摩在公车上和朋友说话的那一刻起，我就知道他有情况瞒着我。后来在沙士顿，他每天早餐后匆匆出门理发的样子，更加肯定了我的这个念头。我也不知道为什么会怀疑，他在这些早晨其实都是出门会女友了。

几年后我才从郭先生那里了解到，徐志摩每天匆匆出门的确是跟住在伦敦的女友通信。他们把距离理发店一条街的食杂店作为徐志摩的收信地址。伦敦和沙士顿之间的邮政交通非常方便，所以他们至少每天都要和对方通一次信。他们用英语通信，以免我偶然看到这些信件，而其实我从来没看过他这些信。

但当时我对此一无所知，只知道徐志摩会带个年轻女人回家吃晚饭。我只是怀疑他有女朋友，也不知道他为何会对我隐瞒此事。他其实可以直接向我宣布，让我接受这个女人——按照中国传统方式行事。即使我生下了他的儿子，他也还是有权利找其他女人，就像老爷一样，不管是玩玩也好，还是娶来当二房都行。

徐志摩希望我们两个女人见面，这对我来说意味着她可不仅仅是他女朋友。她很可能成为他的二太太。我们得在这个异国土地上同住一片屋檐下。梁启超的小妾不也在他留学日本期间进了他家门吗？显然徐志摩也有相同的打算。

这一整天，徐志摩女友要来访的恐惧一直萦绕在我心头。她在英国念大学，她肯定比我更有学识。她会讲英语，我猜她应该也和徐志摩一样爱好文学。她来自哪户人家？他们是哪的人？他们认识什么人？她的兄弟又是谁？

在这一天里，我有一刻还认为徐志摩的女友是个外国人，毕竟他认识很多外国女人。也许他就是对她们开放的思想更感兴趣，喜欢她们大笑时向后仰头的姿势，或者穿露出脚踝的裙子的模样。但我很快就否定了这个想法。这不可能，没有一个外国女人会愿意给人当二房。

我发誓徐志摩把这种侮辱甩到我脸上时，我一定得表现得优雅体面些。我必须坚强而大度地接纳这个女人，不能表现出醋意或愤怒。一整天我都在给自己打气，安慰自己我在徐家的地位不会动摇。我已经生了个儿子，我也服侍过他父母。我始终是正房。

奇怪的是，我却记不清那晚来我们家做客的那位女子的姓名了。我只唤她为明小姐，我只记得她的长相了。她一直努力表现得很西化。她剪着短发，涂着深色的口红，穿着海军羊毛夹克和裙子。沿着她的长筒袜的腿望下去时，我倒吸了一口冷气——她的两只小脚塞进一双中国绣花鞋。所以这个摩登女子其实缠了足！我几乎快失声笑出来。

她根本就不是我想象的那样。我本以为她是个完全现代做派的女子。结果证明我的想法是对的，徐志摩的女友另有其人，是一个思想更复杂、美丽，完全没缠足的女人。这位明小姐根本就不是徐志摩的女友，只是当时我并不知道内情。

我们四人（包括郭先生在内）一起坐下来吃饭。明小姐也在上海附近长大，她提到了一些我认识的家庭，还有其他我不认识的人。他父亲在外交部工作，但我并没听说过他的大名。我只是在想，如果她家真的那么现代，会让明小姐出洋留学，为何还要给她缠足呢？

徐志摩、明小姐和郭先生开始讨论起英国文学，在中文里夹着不少英语单词，所以我几乎听不懂他们的对话。我注意到徐志摩总盯着地板，在说话时偶尔会偷瞥一眼明小姐的小脚。我却自顾自地将自己的大脚不耐烦地搁在桌下，几乎都要踢到徐志摩的脚了。为什么他会像对同辈一样对待这个女孩？她看起来很怪异，夹克和短裙与小脚完全不搭，她父母究竟会怎么看待她把自己的脚露在外面这回事？

徐志摩的态度让我很是困惑。这个女人真的是他两年前来英国要见的人吗？为什么是她？他总是唤我为“乡下土包子”，而现在却把一个缠过足，看起来比我更落伍的女人带回家里。只不过她显然受过极好的教育。如果徐志摩会接受这样的女人，为何他不鼓励我也去读书？他为什么不让我学英语呢？为什么他不肯帮助我成为现代派的大脚女人？

为什么徐志摩要把这样的女人带回家？他在理财方面一向不甚上心，现在我们还得再添一张嘴吃饭，这可怎么吃得消？这个念头让我很不安。徐志摩想让我去堕胎，就是为了拿掉孩子好把这个女人迎进门吗？我真想大哭一场。这个女人能帮我们的孩子做什么？她算什么东西？不三不四。看她的小脚就知道，她只会加重我的负担。这样我就得包揽所有的采购和清洁任务，还得像伺候老太太一样伺候她。

晚饭后，徐志摩送明小姐去了火车站，郭先生则回到了自己房中。我被今晚的事情弄得心烦意乱，笨手笨脚地收拾餐桌。徐志摩回到家里时，我还在厨房中洗碗。

他看起来很慌张，在我身边来回徘徊。我对他感到非常愤怒、失望和厌恶，什么话都不想说。等我终于洗好碗，徐志摩跟着我走进了客厅。他问我对明小姐有什么看法。

我心里有太多想法了，尽管我发誓自己一定要优雅有度，但还是脱口说出了自己的第一个念头："她看起来不错。"因为我知道自己应该接受他纳的妾，"但缠足和西服并不搭。"

徐志摩停下了在屋里走动的脚步。他转过身来，仿佛我的话引爆了他所有的急躁和失意。他突然咆哮道："我当然知道，这正是我想离婚的原因。"

这是徐志摩首次对我提高嗓门说话。我在困惑、震惊和恐惧之余，飞奔出了后门。我得自己一个人静一静。冷冷的夜风灌进了我的肺腑。

徐志摩突然悄无声息地出现在门廊走到我身边，他说："我担心你会去自杀。"

徐志摩认为我太保守了，他担心我会跳出门廊自尽！我看着黑黝黝的夜色，回望了一眼徐志摩，他那张痛苦的脸被客厅的灯光照亮了。有那么一刻工夫，我们之间的一切，痛苦、误解、隔阂似乎都戛然停止。

那晚我回到卧室时，徐志摩仍在客厅看书。他很晚才潜入卧室，在床上躺下时扯了扯被单。他背对着我睡下，身体偶尔会轻轻碰到我，我将此视为我们最后的接触，我们这可悲的亲密关系的最后一次触碰。

随后几天我们都没跟对方说上一句话。这原本并不稀奇，但现在我发现这种沉默简直让人无法忍受，空气中似乎总回响着他那晚说的话。他以前从来没有那样失控，毫无保留地爆发自己的情绪。在他要求离婚的那一瞬间，我们之间的和谐就已经不复存在了。我现在已经看不透他了。他一开口，我就害怕他会再次提高嗓门。虽然他没有再度失态，但我却暗暗地想这情况迟早会发生。我仔细观察他的脸色、行为举止。他每次从桌边走开出门的时候，似乎都很紧张但又充满决心。有天早晨，他头一回完全不吃早餐地走了。我从小屋前的大窗望出去，看到他骑车过街，不知道接下来会发生什么情况。

为什么要离婚？他是不是认为我对他或他家伺候得很不周到？他是不是认为我不愿意接受他纳妾？我认为

跟徐志摩谈离婚的事情根本就没有意义。他开口只谈钱和晚饭吃啥，但就是不谈离婚。如果徐志摩跟我提离婚，那就说明事情已经无法挽回了。

大约一周过后的某一天，正如他跟我提离婚一样，他突然消失了。第一天，第二天，甚至第三天他没回家时，我只是想他可能去伦敦见哪位朋友了。郭先生仍然住在我们的小屋里，但就连他也不知道徐志摩的下落。就好像我丈夫突然一个人不告而别地凭空消失了一样。他所有的衣物、洗漱用品都还在。他的书还摆在桌上没合页，保持着他最后一次坐在那时的样子。我知道徐志摩如果真的打算离开，至少会记得把书带走。

但一周过去了，他还是不见踪影。郭先生似乎意识到了什么不对劲，就在某天早上收拾好他自己的行李下楼了，表示他也得走了。事情就是这样。

我日渐隆起的孕肚成了身体的负担，这让我恐慌不已。我该怎么办呢？徐志摩究竟在哪？我不敢一个人睡在之前和他共寝的大床上，我穿过小屋的各个房间时总觉得自己快要失声惊叫了，我在这里孤独无依。

一个人待在这屋子的那些日子真是太可怕了。有一次我从后窗望去时，看见邻居经过的人影都会吓到我，这些日子我没有见到其他人或跟任何人说过话。但我就是不想跟他们说话，因为我认为这跟他们一点关系也没有。

以前在硖石的时候，在天气暖和的日子里，附近的西湖出现游船时，我们就会换上轻薄的丝绸和纱质衣裳，佣人会带着家里收藏的扇子，好让我们夏天驱暑。托盘里会放着用牛角、象牙、珍珠和檀香木制成的折叠扇，以及有 9、16、20 或 24 根肋骨的男人折扇，女人不会用少于 30 根肋骨的扇子。这些扇子上会有一些名家的题词，绘着花鸟虫鱼或美人。

整个夏天我们手中都在舞扇。但之后天气又开始转凉时，我们就会把扇子收起来。所以在中文里面，有个名词就很适合描述我被徐志摩抛弃在沙士顿的情形。我就是一把“秋扇”，一个弃妇。

正是在这个时候，在这些日子里，我开始考虑主宰自己的命运，独自照顾孩子。要结束这一切痛苦，直接消失真是再简单不过的事情了。我只要跳出门廊或溺水投湖就可以了结这一切。我也可以关紧屋里所有的窗户，打开瓦斯就能与世长辞了。这不正是徐志摩害怕我做的事情吗，他怕我自杀。我想起了《孝经》中提到的孝道第一条“身体发肤，受之父母，不敢毁伤，孝之始也”，这才让我断了这些愚蠢的念头。这些教诲似乎是一生受用的知识。

在这些恐怖的日子里，有天早晨我被一阵敲门声吓到了，来者是一位叫王子美（音译 Wang Zhimei）的男人。他说他明白我现在孤身一人的处境，特意从伦敦带来徐志摩的口信。我请王先生进屋，给他斟上茶，忐忑不安又满怀期待地坐在他桌前。

“徐志摩想知道，”王先生停顿了半晌又微微皱了下眉头，似乎在仔细斟酌我丈夫的每个字句，“——他让我来问问你，你愿不愿意成为徐家的儿媳，而不是徐志摩的妻子？”

我没有立刻作答，因为这对我来说没什么意义。最后我终于问：“这是什么意思？我不明白。”

“如果你愿意，事情就很好办了，”黄先生似乎没有听到我的话，兀自接过话茬。他努力平静自己的口吻：“徐志摩不要你了。”

他这番话出口时，我努力让自己不要显得太僵硬，而是重复着那个问题：“这是什么意思？如果徐志摩想离婚，我还怎么做徐家的儿媳？”

王先生抿了一口茶，若有所思地看着我，上下打量着我的头发、脸和衣着。我知道他得去跟徐志摩汇报情况，这个想法让我很是恼火。我向他扬起下颚直接反问道：“徐志摩就那么忙，连亲自见我一面都不行？你这一路赶过来就是为了向我提这些蠢问题？”

我看着他走出去，重重地关上了门，知道徐志摩是真的不会回来了。

在徐志摩提出离婚前曾有一次，二哥拜访了我们的小屋。当时我正在后面准备午餐，才刚点起炉子，就产生了一些预感。

我对徐志摩说：“有人来了”，关掉了瓦斯，从厨房奔向客厅的窗户。来的人是二哥。我只要听脚步就知道是他。他走了整整五分钟才走完这条路，而我就一直站在门边等候他。在我离开中国后不久他也出国了，那会儿正在巴黎读书。他没有事先跟我们打过招呼，但二哥与我之间从来就不需要这些客套。我们可以说是亲密无间。

所以，王先生离开后，我最终还是选择向二哥求助。我坐在厨房的桌子前，写了封信交代了事情的经过。我说，我已经怀孕三个月，徐志摩想让我堕胎。他和我就像小脚与西服一样根本不合拍，所以想离婚。现在他下落不明，却派了个朋友来传话，问我愿不愿意成为“徐家的媳妇而不是他的妻子”。我问二哥，我该怎么办。

写完这封信时，我上楼去了卧室，从我抽屉后面取出一小叠信件。这些都是二哥写给我的信，它们与二哥写给我和徐志摩二人的信件有所不同。我看着信封背面的文字，下楼费力地拼写出二哥的收件地址。若不是之前短时间同那位家庭教师学了一点英语，我还真不知道怎么写这个地址。但我的字迹仍然很潦草难看，根本不像出自识字人之手。而我来欧洲的时候还满心认为自己可以学会这些。

我披上一件针织衫前往那家小食杂店寄出邮件。等我回家时天都黑了，我给自己做了顿简单的晚饭，只有白米饭和卷心菜。那一晚我就独自坐在屋里，关掉所有的灯，终于在徐志摩离家出走后第一次放声大哭。

几天后二哥回信时，我匆匆撕开信件，二哥来信开头就对我们离婚一事表示悲痛，“张家痛失徐志摩，如丧考妣”。你看，我二哥就是这么喜欢徐志摩，简直把他当亲生父母。

二哥建议：“不要拿掉孩子，我会帮你抚养。把过去一切都抛下，来巴黎找我。”

就这样，我在某个秋天的早晨离开了沙士顿，关上小屋的门，拎着自己的行李走下了尘土飞扬的街道，前往沙士顿车站。我像徐志摩一样离开了这所小屋。我离别时唯一的遗憾就是没法带走老爷和老太太大老远寄来的冬瓜。

（本文据张幼仪口述、张邦梅记录以英文版《幼仪与志摩》一书译出，翻译者为张邦梅）

辑二

追忆亲情

◀徐积锴与母亲张幼仪

徐积锴
谈父亲徐志摩与母亲张幼仪

我很抱歉，对我父亲，能够想起来的事情很少，因为根本跟他很少见面。他有时回硖石来，你知道我们做什么东西？就是两个人踢小皮球。我跟他见几次面，可以算得清楚的。没几次面。母亲对我影响太深了，因为我们母子相依为命。我母亲她是很能干的人，所以后来

我祖父退休以后，就把事业交给她管了。

（据厦门卫视《两岸秘密档案》栏目“徐志摩与张幼仪的婚变之谜”辑出，辑录者为陈志明）

◀徐积锴回乡祭祖

徐积锴
我这一生都靠母亲

父亲过世时我才 9 岁，在我童年的记忆中，与父亲相处的时间不多，对父亲的印象有限，而难得相聚的时间里，他是个慈爱的父亲。父亲过世后，我都由母亲张幼仪照料，我这一生都靠母亲。

（辑自刘爱真《理想主义的实践者：一代诗魂徐志摩》（载《世界日报周刊》2003 年 10 月 20 日）一文）

徐积锴与亲属▶

徐积锴：致韩石山书信谈父亲徐志摩（四通）

一、一九九八年十二月七日

韩石山先生大鉴：

刻奉手书，知有关先父全集事，颇为热心，深表铭感。但实不相瞒，来信所谓“府中日记”，从未见过。数年前，凡有与先父有关资料，均寄陈从周先生处理，故敝处已无任何资料可寄，实深歉疚。专此奉复

顺颂

时祺

徐积锴谨上

一九九八年十二月七日

又：近年来敝人脑筋失常，外加手抖，故任何事嫌烦，今此事特殊，不敢不答，尤冀原宥为盼。

二、一九九九年九月十五日

石山先生大鉴：

大札奉悉多时，实因杂事烦恼，未克遽复为歉，手书所提各点，兹按一作复如下：

（1）奉上敝人年轻时照片一张；

（2）敝夫妇与子女（四人）亦奉上一张；

（3）敝人向无传记，一以笔拙，无先父之才能，二以旧事已不复能回忆，有失雅望；

（4）“府中日记”当初寄陈从周先生时误寄了两份一样的半本，后来他发现后，即将另外半本寄给他，他也没有将多余的半本还我，1997 年我带子女四人前往硖石扫墓，同时因我年老，不便再去，带他们看看这个老乡，并率小儿去看望陈从周先生一次，希望能找到那半本“府中日记”，想不到他已言语支吾，虽由他女儿帮同找寻，亦无结果，只好扫兴而归。

来信所索我已答复为上，请原谅我年老体弱，不复能从“无中生有”，小儿不识中文，故来信已由我作复，他看了也不懂，匆此都复并祝

时安

徐积锴谨上

一九九九年九月十五日

三、一九九九年十二月十一日

石山先生大鉴：

11 月 28 日来信敬悉，承不弃，将贵作“前言”之职委之于锴，实不相瞒，锴自 1947 年出国以来已五十余载，平时除偶尔与朋友书信往来以外颇少应用（中文），

中文字已续渐忘却，不要说写文章了。故此事实难从命，切祈恕罪，匆此作复，以便早日另觅贤者。专此即请

大安

徐积锴上

一九九九年十二月十一

四、二〇〇二年三月十九日

石山先生大鉴：

今奉手书及附件，均已收到，欣悉先父日记两册都已找到，请将两册都复印后寄小儿处，地址如下：

Dr. Toy Hsu 49 Harbor Ridge Drive,

Newport Beach, Cali. 92660

有关费用连邮资请来信告知，以便立即寄上，最好折合美金之数，来信称先生拟出一本《徐志摩画传》，闻之欢迎之至。不知此信是否足够？如是对外，请寄下一稿容我抄录。至于先父照片，实在抱歉，因先父生时，在家颇少，未有同摄照片，故无法寄上，匆此作复，

并颂

时安

徐积锴谨上

二〇〇二年三月十九日

（本组书信由著名学者、《徐志摩传》作者韩石山先生提供，由陈志明整理，此次系首次公开整理面世）

◀蒋连根随金庸参观徐志摩故居

徐积锴
致蒋连根
——徐积锴书信谈父亲徐志摩（一通）

连根先生大鉴:

我先要向您抱歉，你的信已经来了两个月，迟复是不可原谅的。我再要谢谢你给我许多剪报，否则我便无从知道这种消息；我本来可以好好和你谈谈，但是你不知道我有苦衷，我已经 83 岁了，2 个月来有种怪现象，白天坐在皮椅上看电视，晚上十时就上床，有时过了 2–3 小时，靠睡药睡着了，有时就要看天亮。这种缺睡，第二天很不舒服，要三四天补足后就复原了；但这不是道理，我明后天一定要去看医生、吃药。再谢谢你的剪报，恕不多赘，匆此

即请

近安

徐积锴上

二〇〇〇年六月七日

又：以后请不必来信问候病情，因为我很怕写信或寄卡。

（本篇书信由海宁日报记者、作家蒋连根先生提供，由陈志明整理，此次系首次公开整理面世）

◀徐志摩研究会所立碑刻

徐积锴

致海宁徐志摩研究会电

欣闻故乡海宁筹建诗人徐志摩研究会，不胜感激。我作为诗人之子，本应亲往贺谢，惜远在海外，不能恭临盛会，甚感遗憾。家父一生，以诗文传世，深得世界华人之喜爱，故乡今又有此研究会，恳望当地政府多予支持。振兴中华文化于世界之林，愿同天下之华人共勉之。

（一九九六年）

徐志摩全集书封▶

徐积锴

《徐志摩全集》前言

一九六七年初，家母游台，遇蒋复璁及梁实秋两位老伯，谈起坊间先父遗作，因翻印关系，错误百出。家母商得两位老伯的同意，为先父编辑全集，由锴在美向各大学图书馆搜集先父著作，务必以上海出版者，始可采用。费时一年之久，陆续向各大学借到各种书籍，影印寄台，至今才告段落，特志此以为纪念。

徐积锴寄自纽约

一九六八年二月四日

（据台湾版《徐志摩全集》）

辑三 祖父志摩

◀徐志摩像

陈志明　访问
专访徐善曾：我的祖父徐志摩

陈志明：您是理工科出身，从什么时候起开始注意到祖父作为一位“诗人”的影响？是怎样的契机和动因，使您决定将祖父作为自己的研究对象？

You have a background in science and engineering. Since when did you notice the influence of my grandfather as a "poet"? What are the opportunities and motivations that make you decide to have my grandfather as your subject?

徐善曾：我来自一个上海移民家庭，成长于纽约皇后区一间普通的房子里。我家餐厅墙上，挂着祖父于十九世纪二十年代所拍摄的照片。我走进餐厅时，时常经过这张照片。照片里的祖父，穿着长袍马褂，戴着圆框眼镜，与我每天日常穿着的 T 恤和牛仔裤形成鲜明对比。他是一个诗人和知识分子，与我父亲和我的工作也截然不同。我父亲是一个工程师，而我童年的时候，则在课余时间送报。有时，我会停下来凝视这张照片，想象照片中的那个男人对我说话。我知道他是一个成就杰出的诗人，但我真不知道，作为一个作家或者一个人，他的重要性何在。

As a child of an immigrant family from Shanghai growing up in a modest house in Queens, New York, I often passed the framed photograph of my grandfather from the 1920s in our dining room. He was dressed in a silk Mandarin-collared jacket and round spectacles, a definite contrast to the T-shirt and jeans I wore every day. His work—as a poet and an intellectual—was so different from my father's job as an engineer and my after-school boyhood job delivering newspapers. Sometimes I paused and imagined the man in the photograph speaking to me. I knew he had been a poet of some prominence, but I really had no idea what his significance as a writer or a person had been.

直到念大学的时候，我才意识到，祖父所留下的文化遗产如此丰厚。当时我是密歇根大学工程专业的学生，我记得，我是学校里少数的华裔美籍学生之一，因此，我的姓十分突出。有一天，我的一个非华裔的朋友看到一张传单，上面写着，加大伯克莱分校的中国文学教授白芝（Cyril Birch），最近在校园里讲授徐志摩与托马斯·哈迪（Thomas Hardy）思想的关系。朋友看到传单上的姓跟我的一样，便把这件事当成一件有趣的事告诉我。他把传单递给我，问道："嘿，他是你亲戚吗？"当我告诉他徐志摩是我的祖父时，他大吃一惊，并且说，"哇，我只是在开玩笑！"但他略微滑稽的样子，让我开始了探索这位中国诗人——我的祖父——的冒险之旅。

It wasn't until I was an engineering student at the University of Michigan that I realized the extent of my grandfather's legacy. From what I recall, I was one of a few Chinese American students at the university. For that reason, my surname stood out. One day, a non-Chinese friend of mine came across a flyer announcing that the UC Berkeley Chinese literature professor, Cyril Birch, had recently lectured on campus about Xu Zhimo's intellectual relationship with Thomas Hardy. Seeing that the Chinese last name matched my own, my friend handed me the flyer as a joke, asking, "Hey, is he a relative of yours?" When I told him Xu Zhimo was my grandfather, my friend was quite impressed and said, "Wow, I was only joking!" But that small facetious gesture set me on an odyssey to discover who this Chinese poet, my grandfather, was.

陈志明：在您开始关注祖父的时候，当时西方的社会和文化语境中，人们是如何理解徐志摩的？都从哪些方面关注他？

At the time you began to learn about your grandfather, how did Westerners understand Xu Zhimo (XZM) within the context of Western society and culture?

徐善曾：在亚洲，人们对于我祖父的生活和事业仍然有极大的兴趣，这一点你可以从最近的电视节目、戏剧、诗歌节和关于他的中文书籍中得知。但在西方，他仍然不为人知。我在2011年的时候访问剑桥，参观位于国王学院中的徐志摩纪念石。看完纪念石后，我去了大学书店，看看能否找到他的英语传记。令我惊讶的是，关于祖父的英语书籍，竟然如此稀少。我意识到，在英语世界，有关我祖父的介绍仍然十分缺乏，因此我开始动念写他的传记。

Xu Zhimo’s life and work continues to be of great interest in Asia—as you can tell from recent TV productions, plays, poetry festivals, and Chinese-language books about him. But in the West, he remains largely unknown. I realized that there was a dearth of information written in English about my grandfather, and that's when I started to think about writing his biography. That happened during my 2011 visit to Cambridge to see the Xu Zhimo Memorial Stone at King's College. After viewing the stone, I went to the college bookstores to see if I could find an English-language biography of him. To my surprise, there was very little written about my grandfather in English. That got me thinking about writing this book.

我借由这本传记，邀请西方读者接触我祖父的作品和他的遗产。我对于所得到的回应非常满意。

The book was my way of inviting Western readers to connect with Xu Zhimo's work and his legacy. I've been very pleased with the response.

例如，我写完这本书后，我把它寄给了一些畅销书作家，打算把他们的评论放在书的封面。我非常高兴能得到他们的回应。

For example, after I wrote the book I sent it out to a

number of best-selling authors to get their reviews for the cover. When I got their responses back I was thrilled.

尼珂·莫恩丝（Nicole Mones）是一个非常受欢迎的小说家，她的故事大多是关于中国的。她说："在这本有趣而雅致的传记中，徐先生带给我们的不仅是二十世纪早期中国最重要的诗人之一的故事；他也开启了一个罕见的窗口，让我们看见艺术和文学如何引导中国从封建社会进入现代世界。"

Nicole Mones, a very popular novelist who writes stories set in China, said of Chasing the Modern: "In this absorbing, elegant biography of his grandfather, Tony Hsu has given us much more than the story of one of China's most important early twentieth-century poets; he has also opened a rare window into the ways in which art and literature led China out of feudalism and into the modern world."

加州大学伯克莱分校荣誉退休教授白芝说："这本新的传记，深化了徐志摩诗歌的丰富和美好。徐先生访问了诗人曾经旅行和逗留的地方，并从其他传记、日记、信、回忆录和采访中，积累了大量的信息。除了细致地描绘出志摩的肖像，对诗人在爱情的探索中占有重要地位的三个女人，徐先生都给予了同情的理解。”

Cyril Birch, professor emeritus at UC Berkeley, said of the book: “The richness and beauty of Xu Zhimo’s poems are deepened for us by this new biography. Hsu has visited the sites of the poet’s travels and sojourns and amassed an imposing amount of information from biographies, diaries, letters, memoirs and interviews. In addition to the nuanced portrait of Zhimo himself, his grandson treats with sympathetic understanding the three women who shared in the poet’s search for love.”

这些深刻洞见给予我极大的支持，让我感受到，这本书真正实现了我的愿望，也就是向西方读者介绍我祖父诗歌的美丽和深度，以及他的生活和思想的重要性。

What buoys me about these insights is that I feel that the book is accomplishing what I hoped it would:

introducing the Western reader to the beauty and depth of my grandfather's poetry, as well as to the importance of his life and ideas.

陈志明：您自幼和祖母生活在一起，在您看来，她是一个怎样的人？

Your grandmother, Zhang Youyi, raised you and your sisters from birth through your early childhood and then later influenced you as a young adult. What was she like through your eyes?

徐善曾：我记得她是一个极具韧性和慈悲的人。作为一个身在海外只身抚养第二个儿子的单亲母亲，她表现出坚强的性格和力量，而后，她又在中国政治动荡的时期，抚养她的孙子。作为一个照顾四个孙子的奶奶，她也是相当严格的——至少从孩子的角度看来是这样的。当我们长大之后，我们感激她给我们的影响。她为我们的教育和个人生活提供了宝贵的见解和指导。

I remember her as being an extraordinarily resilient and compassionate person. She showed her character and strength as a single mother raising her second son in a foreign country and later in her life taking charge of her grandchildren amidst the profound political turmoil in China. As a grandmother caring for four grandchildren, she also tended to be quite strict—at least from a child's perspective. When we became young adults, we appreciated her influence. She gave us valuable insights and guidance with regard to both our education and personal lives.

关于我祖母的美德，我想我可以说几个小故事。

I think the way I can bring my grandmother's many virtues alive for you is by telling you a couple of my memories of her.

从 1948 年到 1952 年，祖母张幼仪照顾我和我的三个姐妹（当我在两岁到六岁时），而我的父母则赴美深造。1948 年，她带着我与三个姐妹徐稘、徐放、徐行，先从上海的家到广州，然后穿越南方边境，首先到了澳门，之后到达香港。在那段时间里，她对我和我的姐妹如同母亲一般，无私地照管我们的健康和教育。

My grandmother, Zhang Youyi, took care of me and my three sisters from 1948 to 1952—when I was between the ages of two and six—while my father and mother emigrated to America to further their education. In 1948, she took my three sisters, Angela, Fern, and Margaret, and me from our home in Shanghai to Canton initially. We then crossed the southern border, first to live in Macau, then onto Hong Kong. During that time, she was like a mother to me and my sisters, selflessly tending to our health and education.

当我六岁时，我的父母在美国的生活较为安定，便把我的姐妹和我带到美国。祖母由于一些移民方面的问题而无法与我们团聚，她不得不留在香港。在那个时期，一个家庭分隔两地是很常见的。当一些孩子被送回父母身边时，其他的孩子则和亲戚住在别的地方。但是祖母并没有这么做。我相信，祖母看到我们四个孩子离去时是非常痛苦的，但是她有远见、勇气与智慧，她了解我们四个孩子必须在一起。告别我们她一定非常伤心，但她从来没让我们知道她的情绪——她希望我们对新生活感到兴奋。在我们飞往美国之前几天，她把我们带到她的卧室里，说："我知道，和你们的母亲和父亲在纽约生活，一开始一定会很不习惯，但是这在你们的生活中，会是一个令人非常兴奋的时刻，你们终于和父母团聚，而且你们一定会享受在美国的生活。"

When I turned six, my parents felt secure enough in their new homeland to bring my sisters and me to America. My grandmother was not able to join us due to some immigration issues, so she had to stay behind in Hong Kong. It was not unusual during those times to split up families by sending some children to live with their parents while others remained with relatives elsewhere. Yet I believe that, as much as it pained Youyi to see the four of us leave, she had the foresight, courage, and wisdom to realize that we all needed to remain close to each other. She must have been very sad to say goodbye to us, but she never showed us these emotions—she wanted us to be excited about our new life. A few days before our flight to America, she gathered us into her bedroom and said, “I know it may feel strange at first to join your mother and father in New York, but this is going to be a very exciting time in your lives. You and your parents are going to be a family again and you will really enjoy living in America.”

祖母深受她的父母与手足的影响（她的两个哥哥张君劢和张嘉璈，分别为中国民主社会党主席和中国银行董事长）。她也是由儒家传统价值所塑造出来的。当她在社会变革的动荡时期面临逆境时，这些信念对她而言变得更加重要。因为孝道的美德在她的成长过程中，对她的影响如此根深蒂固，她在她的余生中依然忠于我的祖父，照顾他年迈的父母，并且努力确保他死后的文学遗产。她也把这些价值观念传递给我的父亲徐积锴，这反映在她抚养他的方式上。

Youyi was deeply influenced by her parents and her siblings (her brothers Zhang Junmai and Zhang Jia’ao were Chairman of the China Democratic Socialist Party and

Chairman of the Bank of China, respectively). She was also shaped by the traditional values of Confucianism. These beliefs became all the more important to her as she faced adversities during a tumultuous era of societal change. Because the virtue of filial piety was so deeply ingrained in her upbringing, she remained loyal to Xu Zhimo for the rest of her life, taking care of his parents in their old age and working to secure Xu's literary legacy in the wake of his death. She also passed these values down to her son, Xu Jikai, which is reflected in the way she raised him.

我的祖母在香港为一些慈善组织工作多年，其中包括贫困儿童的计划。每当我们回到香港探望祖母时，我都见证了她的慈悲对他人的影响。当我们和她一起走在街上时，经常有一些想要跟她打招呼的人，以及想要感谢她那些无私奉献的人，在街上拦住我们。

My grandmother spent her years in Hong Kong doing work for a number of charities, among them programs for underprivileged children. Whenever we returned to Hong

Kong to visit my grandmother, I saw firsthand the impact her kindness had on others. When we walked down the street with her, we were constantly stopped by people who wanted to greet her and a few who wanted to thank her for all of her altruistic work.

陈志明：您的父亲徐积锴先生是怎样的一个人？您父亲、母亲眼中的徐志摩、张幼仪是怎样的？

What kind of person was your father? What were your grandfather and grandmother like in your parents' eyes?

徐善曾：在《志在摩登》的题献页上，有一张我父亲与祖母的照片，我认为它揭示了父亲与祖母深厚的母子之情。我的父亲和祖母间的感情真挚，他非常尊重她。因为他知道，她作为一个单亲母亲，曾面临过无比艰巨的挑战。他也知道，在柏林照顾她的第二个儿子彼得时，她经历过多少困难。在祖母过世的前几年，她的健康每况愈下，我父亲坚持无微不至地照顾祖母。

On the dedication page of *Chasing the Modern*, there's a rarely-seen photograph of my father and grandmother.

I think it reveals their deep and loving relationship. My father and grandmother shared an incredible bond. He respected her immensely because he knew that she faced some extraordinary challenges as a single mother. He also realized how much she had gone through during her years caring and bringing up Peter, her second son, in Berlin. During Youyi's final years, he made it a point to take great care of her as her health began to fail.

我的父亲跟祖母一样，都是非常慷慨的人，他们都照顾不幸的人。我的父亲，如同他的母亲一般，愿意为他的家人做出巨大的牺牲。我记得在我十几岁的时候，为了养家，他同时做了好几个工作。

Like my grandmother, my father was a very generous person who cared for the less fortunate. My father, like his mother, was willing to make great sacrifices for his family—I recall him holding a couple jobs when I was a teenager in order to support us all.

陈志明：金庸先生是徐志摩的表弟，他曾经在不同场合，多次谈到表兄的诗人情怀和浪漫气质，您怎么看金庸对徐志摩的评价？

Mr. Jin Yong is XZM's cousin. On different occasions, he has talked about his cousin's feelings and romantic temperament many times. How do you agree with Jin Yong's evaluation of XZM?

徐善曾：虽然金庸先生对祖父作品的批评，我没办法发表什么意见，但我可以说说我三年前跟他见面的状况。我为他留下了一张特别的纪念盘，上面刻着祖父的像，是以张岱谦和胡亚光为祖父画的著名画像为本而刻的，盘上还以书法镌刻《再别康桥》的几行诗句。金庸当时大约 89 岁，当他告诉我他 86 岁从剑桥获得博士学位的时候，我留下深刻印象。

While I cannot speak to Jin Yong’s specific critique of Xu Zhimo’s work, I can tell you about my emotional meeting with him three years ago. I had gifted him a special commemorative plaque made with an etching of Xu based on a famous painting by Zhang Daiqian and Hu Yaguang. It included a few lines of "A Second Farewell to Cambridge" in calligraphy. Jin Yong was around 89 years old at the time and I was impressed when he told me he had received a Ph.D. from Cambridge at age 86.

我们简要讨论了他的一些武侠小说，并分享了一些我们家族的事，因为我们的家族几十年来没有互相往来。当我拿出纪念盘给他时，他亲切地拥抱它，轻轻地放在桌子旁边的书架上。当我们告别的时候，我可以看到他的眼泪在眼眶中打转。我相信，这是因为我们提到了我的祖父，他的事业在很多方面影响了金庸。

We discussed briefly some of his martial arts novels, and I shared a little about my family since our families had not been touch for decades. When I brought out the plaque to give to him, he embraced it lovingly and placed it gently on the bookshelf next to his desk. The time came for us to say our goodbyes and I could see that he had tears in his eyes. Such was the effect of recalling the poet, my grandfather, whose career, I believe, had influenced him in many ways.

陈志明：在徐志摩的一系列诗作中，您最喜欢哪一首（或哪一类型）？能分享一下您的阅读体会吗？

Among XZM's poetry work, which one do you like best? Could you share your reading experience?

徐善曾：我最喜欢的一首诗，题目为“石虎胡同七号”，不是特别主流，也很少被研究或演唱。在这首诗中，祖父描述这个僻静的庭院的宁静。他从英国回中国后的前两年，在这个地方度过了许多下午。这段时间对于祖父来说，是最快乐与多产的时期。虽然这首诗可能不是祖父最著名的诗，祖父捕捉观赏季节变化的单纯愉悦的方式，却让我对这首诗有着深刻的共鸣。

One of my favorite poems is a work that is not especially mainstream and not often studied or performed. It is titled, “Seven, Stone Tiger Lane.” In it, Xu describes the serenity of the secluded courtyard where he spent many an afternoon during his first two years back in China after studying abroad in England. This stretch of time was a happy period for Xu and one of his most prolific. While it may not be his most famous poem, it resonates with me deeply because of the way Xu captures the simple pleasures of watching the seasons change.

我很喜欢的另一首诗是《常州天宁寺闻礼忏声》。这首诗是在曾曾祖母于 1923 年 10 月去世之后没多久写出来的，用大自然间的乐音，以及它所带来的和平庄严的感觉，描述天宁寺的礼忏声，每一行都显示了对天堂的纯粹钦佩，这是祖父诗的主题之一。胡适实际上非常欣赏这首诗，并且称赞这首诗“气魄伟大”。胡适在读完之后，敦促祖父在诗歌方面的天才，应当进一步发展成一种自由和无拘无束的风格。

Another poem I have also come to love is "*On Hearing the Chant of Intercession at the Temple of Heaven's Stillness at Changchou*". Written a short time after Xu Zhimo's grandmother had passed away in October 1923, the stanzas detail the music of nature and the feeling of peace and solemnity it offered Xu. Each line reveals a pure admiration for heaven, one of the major themes of Xu's poetry. Hu Shi, in fact, greatly appreciated this poem and praised it as having "great spirit". After reading it, Hu urged Xu to develop his genius for poetry further into a free and unrestrained style.

当然，徐志摩的粉丝们所推崇的《再别康桥》和《偶然》，我也喜爱。对于那些寻求祖父其他不太为人所知的作品的人，我推荐《盖上几张油纸》，这首诗揭示了祖父对人类应当和衷共济的感受，和对不幸的人们的关注。

Of course, while I love "*A Second Farewell to Cambridge*" and "*Chance Encounter*", which are favorites among Xu Zhimo's fans—for those seeking other lesser-known but engaging works by Xu Zhimo, I recommend "*Cover It with a Few Pieces of Oil Paper*", which reveals Xu's feeling of solidarity with all of humankind and his concern for the less fortunate.

陈志明：能否具体谈谈近几十年里，您在各地搜集祖父资料时的一些见闻和体会？有哪些收获？面临哪些困难？

Could you talk about some of your experiences collecting your grandfather's story over the last few decades? What were the rewards? What difficulties did you face?

徐善曾：为了了解我的祖父，我去了分布于三个大洲与一个次大陆上的八个国家，在这些国家访问学者、作家、家人和朋友，以及祖父的朋友的后代。我已经收集了许多关于祖父的论文、文章和书籍，并阅读了各种档案，研究他的论文和信件。

The search to understand who my grandfather was has taken me to eight countries on three continents and one subcontinent, where I spoke to academics, authors, family members and acquaintances, and the descendants of Xu Zhimo's friends. I have pored over numerous theses, articles, and books written about the poet and have visited various archives to research his papers and letters.

我非常喜欢与徐志摩专家们畅谈，并且从他们身上学到很多东西。这些学者包括梁锡华教授、李欧梵教授、加州大学伯克莱分校的白芝教授和加州大学戴维斯分校的奚密教授。这本传记的报道和写作还带领我前去拜访许多不同的地方：我前往前著名社会科学家和哲学家迪金森（Goldsworthy Lowes Dickinson）在剑桥的办公室旧址，并且和剑桥大学荣誉退休教授艾伦·麦克法兰（Alan Macfarlane）一同爬上国王学院教堂的屋顶。

I have truly enjoyed and learned from conversations with such Xu Zhimo scholars as Dr. Gaylord Leung (Liang Xihua), Professor Leo Ou-fan Lee of Harvard University, Professor Cyril Birch of UC Berkeley, and Professor Michelle Yeh of UC Davis. The reporting and writing of this biography has led me down many different paths—to the former Cambridge office of the renowned social scientist and philosopher Goldsworthy Lowes Dickinson and up to the rooftops of the King's College Chapel with Professor Emeritus Alan Macfarlane.

我去过许多我祖父住过和去过的地方。在英国沙士顿（Sawston），透过脏浊的窗户，我看到了一个小小的、破旧的小屋，在这里，祖父和他的第一任妻子——我的祖母——度过了不快乐和不安的几个月。我也在位于山迪尼基顿（Santiniketan）的国际大学（Visva-Bharati University）中的素思玛（Susima）茶社附近喝茶。这个茶社是印度诗人泰戈尔以我祖父的印度名所命名的。泰戈尔也是亚洲第一位诺贝尔奖桂冠诗人。我还爬上了让祖父于 1931 年结束生命的山麓。他搭乘中国国家航空公司的一架小型邮政飞机，其上还有两名飞行员。飞机撞上泰山附近的小山，机上三名乘客当场罹难。

I've been to many places where my grandfather had lived and places he had visited. I've peered into the clouded windows of the small, worn cottage in Sawston, England, where Xu Zhimo and his first wife, my grandmother Youyi, lived for a few deeply unhappy and unsettling months. I've had chai near the Susima tea club in Santiniketan at the

Visva-Bharati University which Rabindranath Tagore, the Indian poet and Asia's first Nobel Laureate, named after my grandfather. And I've climbed to the foothills in China where Xu met his end in 1931. He had been a passenger in a small postal plane that carried him with two pilots of the Chinese National Aviation Corporation. The plane slammed into the hilly expanses near Mount Tai, instantly killing all three passengers.

陈志明：人们提及徐志摩，常常说他作为诗人的才思和浪漫，除了这些，您觉得祖父身上还有哪些特质让您最有感触？在寻访祖父踪迹、查看资料的过程中，有没有突然“蹦”出的一条信息，打破了徐志摩原来在您心目中的印象？

When people mention XZM, they often talk about his talents and romanticism as a poet. Aside from these, what characteristics of his do you feel the most? In the process of tracing your grandfather's footsteps, have you ever been caught off guard by a message that shook the previous impression you had about him in your mind?

徐善曾：正如许多中国读者所知，祖父在世的时候便是中国最杰出的诗人之一。但你可能不知道的是，除了在激烈的政治混乱和社会变革的时期，挑战中国文学的框架，他也致力于一心一意地追求现代。对祖父来说，这意味着他以年轻时在西方生活多年的经验，审视古老中国的过时社会标准。如果这些标准不符合现代自由、个性和探索的原则，他便大胆地拒绝它们。

As many Chinese readers know, during his lifetime Xu Zhimo was one of the most prominent poets living in China. But what you might not know is that, in addition to pushing the boundaries of Chinese literature during a time of intense political chaos and social change, he also devoted his life to the single-minded pursuit of the modern. For Xu Zhimo, this meant spending many years of his young adult life in the West scrutinizing the archaic social standards of old China in which he was raised. If these standards did not align with modern principles of freedom, individuality, and exploration, he boldly rejected them.

对我的祖父来说，忠于理想不仅意味着做出选择将会十分困难，而且注定心碎。最为鲜明的例子是什么？那便是他对他的第一任妻子——我的祖母张幼仪的所作所为。祖父意识到，如果他要成为一个真正的现代人，他不能留在一个由媒妁之言安排的婚姻之中。无论祖父对他的妻子和她的家人有任何家庭的感情和尊重，他们两人被迫结为夫妻，都是基于不合潮流的父母之命。

For my grandfather, living up to his own ideals meant making choices that were not only difficult but decisions that would also prove heartbreaking. The biggest example? His behavior toward his first wife, my grandmother Zhang Youyi. Xu realized that if he were to be a truly modern man he could not remain in an arranged marriage—a forced union based on anachronistic dictates—no matter what familial affection and respect he had for his wife and her family.

我的祖父在我出生前十五年去世，所以我从来没有机会亲自见到他。我花了几年时间，阅读他的诗歌以及那些仔细考察他生活的书，透过这些方式来了解我的祖父。有时候，我对他的选择感到惊讶。有一些时刻，我希望他做出不同的决定。

My grandfather died 15 years before I was born, so I never had the chance to meet him in person. But in the years I spent getting to know my grandfather by reading his poetry and studying books that examine his life, I sometimes felt surprised by his choices. There were some moments when I wish he had made different decisions.

我花了许多年的时间阅读他的文章，理解他的诗，仔细翻阅关于他一生的翻译作品，试图了解他那个时代的历史背景和压力，真正了解他和他的创作动机。最终，我不仅同情他，而且尊重他，甚至敬佩他。我明白，用今天的说法，祖父是一个冒险家，一个突破框架的人。他也是一个充满理想的人，一个（有）性格的人，他顽固地坚持他的信仰，即使这样会伤害他和他周围的人。从他选择极为前进的信仰和对自己忠实的态度，我学到许多。从写祖父传记的过程中，我得到的最大教训是，我们不能总是通过当代标准来判断过去某人的决定。

It took me years of reading his essays, absorbing his poems, and poring over translated accounts of his life, as well as trying to understand the historical context and pressures of his time, to really understand him and his motivations. In doing so, I ultimately came to not only empathize with him, but also to respect him—and even to admire him. I realized, to use the parlance of today, that Xu Zhimo was a risk-taker, a boundary-pusher. He was a man of ideals, a man of character, and he stubbornly adhered to his beliefs even if they hurt him and the people around him. I learned a great deal from the choices he made about taking massive leaps of faith and being true to yourself. The biggest lesson I took from the process of writing about my grandfather was that we cannot always judge the decisions of somebody from the past by our own contemporary standards.

陈志明：在国内外有关徐志摩的各种讨论中，有哪些趋向和思路是您觉得有意义的，哪些是您认为无意义的？

Among various discussions regarding XZM worldwide, what are the trends and ideas you find meaningful? What do you think is meaningless?

徐善曾：徐志摩的个人形象在过去几十年间一直在上升。事实上，马浚伟最近的传记舞台剧《偶然·徐志摩》，于去年秋天在香港亮相，证明了祖父持久的人气。

Xu Zhimo's profile has been on the rise during the last couple of decades. In fact, Steven Ma's recent biographical play *Fortuitousness: Xu Zhimo*, which debuted in Hong Kong this past fall, attests to Xu's enduring popularity.

经常有人说，读者喜爱徐志摩的作品，是因为它的浪漫主题。奚密教授写道："直到今天，当中国读者想起浪漫诗歌时，出现的第一个名字便是徐志摩。尽管创作生涯只有短暂的十年（从 1920 年到 1931 年），他改变了现代中国诗歌的路线，引入了一个新的写作范式。”然而，祖父的作品远比单纯的浪漫更为深刻。他离经叛道，以白话入诗，使中国诗歌现代化，而且他还是一个充满激情的偶像。今天许多年轻的中国人回应他，因为他们也不得不压制自己的个人欲望和野心，以满足家庭和整个社会的期望。在这一点上，我们可以看到为什么年轻的读者颂扬祖父的理想主义，以及为信念站出来的意愿。

It has often been said that readers have responded to Xu Zhimo's work because of its romantic themes. Professor Michelle Yeh writes, "To this day, when Chinese readers think of romantic poetry, the first name that comes to mind is Xu Zhimo. Despite a short creative career that spanned from 1920 to 1931, he changed the course of modern Chinese poetry by introducing a new writing paradigm." Xu's work goes much deeper than merely the romantic. Not only did he modernize Chinese poetry by making the radical break of writing in the vernacular, but he also endures as a spirited iconoclast. Many young Chinese respond to him today because they too have had to suppress their own personal desires and ambitions to appease the expectations of family and society at large. In this light, we can see why younger readers celebrate Xu's idealism and willingness to stand up for his beliefs.

陈志明: 您怎么看待祖父与陆小曼的结合? 林徽因、凌叔华这些话题，如果您愿意，也可展开谈谈。

How do you look at the union of XZM and Lu Xiaoman? You can also talk about, if you like, topics like Lin Huiyin, Ling Shuhua···

徐善曾: 祖父对林徽因、陆小曼、凌叔华等女性的热爱和欣赏，揭示了他对现代理想关系的追求。他受到独立、聪明、有才华和自信的女性的吸引。从今天的眼光看来，祖父是一个女权主义者。他对爱的观点和理想的女人的定义，超前他同时代的人好几辈。关于他和祖母的婚姻: 虽然他们的婚姻是家里安排的，不是爱的结合，但在许多方面，祖母也为祖父完成了他的理想。作为一个母亲和离婚女性，她完全独立，经营自己的服装店，最终成为第一位担任上海妇女储蓄银行副行长的女性。当祖父资金告罄时，她经常给祖父钱，并且照顾他的父母，甚至用她在上海股票市场上赚得的钱，为他父母盖房子。她和祖父保持密切往来，直到他生命的尽头。

Xu Zhimo’s love and appreciation for women like Lin Huiyin, Lu Xiaoman, and Ling Shuhua reveals that he strove for relationships based on modern ideals. He was drawn to women who were independent, intelligent, talented, and confident. Seen through today’s eyes, Xu was a feminist. His perspective on love and what makes an ideal woman were many generations before his time. In regards to his marriage to Zhang Youyi: although their marriage was arranged and not a love match, in many ways, Youyi also fulfilled this ideal for Xu. She was thoroughly independent as a mother and divorcee, running her own clothing store and eventually becoming the first woman to serve as vice president of Shanghai Women's Savings Bank. She often gave Xu money when his funds were running low and took care of his parents, even building them a house with money she had made in the Shanghai stock market. She and Xu remained close until the end of his life.

陈志明：在另一种语言环境下理解徐志摩的诗歌，有什么新的独到的发现？

Understanding XZM's poems in another linguistic environment, what's new and unique to discover?

徐善曾：祖父有一个独特的天赋，他能捕捉与他往来的艺术家的灵魂，以及他旅行的地方的自然之美。对于英国人来说，他以许多方式阐明剑桥大学和英国文化非凡与值得称道之处。剑桥大学荣誉退休教授艾伦·麦克法兰，将他作品这一方面的特征，描述为新的想法、深厚的友谊、自然的奇迹和西方文学影响“目眩神迷的混合物”。祖父的生命热情，通过他的诗歌传达，为他的读者开辟了新的世界，并让他们将他强烈的情感经验传承下去。正如麦克法兰所说，“徐志摩对剑桥的热情，重新塑造了英国人看自己国家的方式；他向他们表明，英国不仅仅拥有过度拥挤的商业中心。他是第一个写出英国建筑和景观的伟大的中国人，反过来又激励了英国人再次以新的眼光凝视他们的国家。”

Xu Zhimo had a unique gift for capturing the soul of the fellow artists he mingled with and the natural beauty of the places he traveled to. For the British, he illuminated the many ways in which Cambridge University and British culture were extraordinary and laudable. Cambridge University Professor Emeritus Alan Macfarlane characterizes this aspect of his work as “a heady mixture” of new ideas, deep friendships, the wonders of nature, and exposure to Western literary influences. It is Xu’s zest for life, conveyed through his poetry, that opens up new worlds for his readers and allows them to live vicariously through his intense emotional experiences. As Macfarlane remarks, “Xu’s passion for Cambridge also recast the way the British saw their own country; he showed them that it did not consist solely of overpopulated commercial centers. He was the first Chinese to write with great feeling about British architecture and landscape, and that, in turn, inspired the British to see their country with new eyes again."

陈志明：您之后在生活和研究上，有哪些计划和打算？

Going forward in your life and research, what are your plans and intentions?

徐善曾：去年我出版了《志在摩登》，这是祖父的第一部英语传记。我们目前正在规划美国和亚洲的演讲活动，以宣传这本书，中文版也即将出版。剑桥国王学院最近在教堂举行了一个特别的仪式，以庆祝徐志摩诞辰 120 周年，其中包括在 2017 年 1 月 15 日所放映举办的，由电影导演和制片人弗雷德里克·贝克（Frederick Baker）博士制作的一部新电影和艺术装置，以及一场诗歌朗读。

Last year I published *Chasing the Modern*, the first

English-language biography of Xu Zhimo's life. We are currently planning speaking engagements across the U.S. and in Asia to promote the book, and a Chinese edition is also in the works. King's College at Cambridge recently marked the 120th anniversary of Xu's birthday with a special ceremony held in the chapel, which included a new film and art installation by film director and producer Dr. Frederick Baker, as well as a poetry reading that was held on January 15, 2017.

过去三年来，国王学院为了向祖父致敬，举办了几次诗歌和摄影展览。他们计划在未来继续主办活动，以推广祖父的遗产，促进中英之间的跨文化对话。

King's College has hosted several poetry and photo exhibitions in Xu Zhimo's honor over the past three years. They plan to continue to host future events to promote Xu's legacy and foster cross-cultural dialogue between England and China.

我的女儿爱丽是一个电影制作人，对探索她曾祖父的生活有着浓厚的兴趣，她正处于为他的传记片写作脚本的初期阶段。

My daughter, Alle, who is a filmmaker, has taken a deep interest in exploring the life of her great grandfather and she is in the early stages of crafting a script for a biopic.

（本访问由陈信义先生译为英文并呈徐善曾先生过目。徐先生以英文答复，仍请陈信义先生译为中文，特此致谢。）

◀徐善曾先生

沈虹　访问

专访徐志摩长孙徐善曾：祖父的诗是人生经历和个人品质的糅合

昨天，徐志摩长孙徐善曾先生参加了第五届中国（海宁）·徐志摩微诗歌大赛的启动仪式。现场，本报记者对徐善曾先生进行了专访，听听他对祖父徐志摩、对海宁的印象。

记者：这次您带来了您撰写的关于祖父的书籍，能给我们简单介绍一下吗？

徐善曾：1948年，我离开中国，那时候我两岁。我的祖母张幼仪带着我们辗转澳门、香港，并远赴重洋来到美国。最后，我们与父母在美国团聚。我的祖母热爱中国，对家乡、亲友的感情她一直以来十分珍惜。经过这么长时间之后，我知道仍然有这么多读者依旧十分喜爱祖父作品，这对我和我的家庭来说是一件十分特殊的事情。这次，我带来了我与剑桥大学合作的新书，这是一本关于我祖父的传记，里面有两个部分，一部分是徐志摩的出生，第二部分是搬到上海新家之后的故事。

记者：在您心目中，徐志摩是一个怎样的人？

徐善曾：过去几年，我到世界各地搜集祖父遗留的资料，拜访他学习和生活过以及那些对他产生重大影响的地方。这其中包括英国、印度、俄国、意大利以及中国的许多城市，包括济南、海宁。我寻找这些地方的美、深度和意义，每个地方都会给我带来不同的感触，也让我更加了解我的祖父是一个怎样的人。我认为，徐志摩是一个真正的思想家，虽然人们对他的一些事情也许抱有争议，但他知道社会如何变化，他有自己的生活哲学。

记者：您的祖父是著名诗人，而您却成了一名工程师，并且在投资领域获得了巨大成功。请问您为什么没有追随祖父的脚步，从事诗歌方面或文学方面的工作？

徐善曾：在我看来，我的祖父是杰出的诗人，不意味着他的儿子和孙子就应该成为诗人。每个人都有自己的目标和希望。尽管，我很小的时候就被问，“想成为诗人吗？”我就问为什么我要成为诗人？我并不认为我和我的祖父在这方面一定有相同的基因，事实上，也许我可能更像我的曾祖父，成为一名出色的商人。

记者：徐志摩已经去世了许多年，但仍然有许多人记得他、纪念他、读他的诗歌，您认为徐志摩的诗歌对后人产生了怎样的影响？徐志摩的诗歌中有什么特质能让他的诗到现在依然保持生命力？

徐善曾：我觉得他的诗最与众不同的地方在于诗歌是他人生经历和个人品质的糅合。诗歌的言语和技巧固然很重要，但更重要的是他对生活的热爱，对改变世界的追求，都是令他和他的诗歌成为一份长久的遗产，这也是鼓舞年轻一代继续投身他的诗歌世界。尽管我是他的长孙，但我也被这样不可思议的现象所深深吸引。

我认为他写了许多不同主题的诗——所游历的城市、不同情感的人、变化中的城市等等，当然还有自然和美，这些都在他的诗作中有涉及。我认为他的诗不仅限于一件特定的事，当我研究他和他的诗歌时，可以发现有太多不同的主题。让我印象深刻的是，他会写一些不幸的人，表达他们如何生活生存。也许不一定是名人，也可以是普通人。

事实上，诗歌是一种艺术，通过这种艺术可以使一些看不见的东西可视化。现在，徐志摩用这种方法让这些东西变得让读者能看得见，能传达给读者。他就像有一面特殊的棱镜，他可以透过这面镜子看到，而一些人却看不到。

记者：这是您第四次来到海宁，您对海宁城市的印象如何？

徐善曾：海宁是一个美丽的城市，有很多自然风光，有很好的环境。在我看来，海宁现在也正变得越来越现代化、越来越有激情，和过去的海宁有着天壤之别。记得上一次我和妻子回到故乡是在 5 年前，而现在海宁已经有了翻天覆地的变化。城市必须不断进化、成长，所以我觉得这是一件好事，这说明这座城市正在往前进步。

（载《海宁日报》2017 年 4 月 15 日第三版）

徐善曾在英国参与徐志摩影像展▶

《嘉兴日报》访问：“想象一下，你有个祖父是希腊人”

问：为什么给这本书取这个书名？（《志在摩登》）

徐善曾：这本书是写给英文读者的。主要想以一个与众不同的视角来展示祖父徐志摩，也是向读者展示一个迈向摩登的中国。如果把标题换成《徐志摩的一生》或《徐志摩生平》，那没有读者会感兴趣。当然这里面还有一个比较微妙的地方，如果把英文书名改成中文书名，就得稍微改一下，因为中英文读者感兴趣的点不同。如果改成中文名，书名或许会改成《我是天空中的一片云》，因为这句诗在中国非常有名，再加一个副题：我的祖父徐志摩。但那样的话，或许我该找一个好的传记作家来写。封面画像也可能换成一个西装革履的徐志摩。

问：您是否有出中文版的打算？

徐善曾：这取决于我什么时候找到那个传记作家。

问：但这就不是您自己的书了。如果把您现在的这本书翻译成中文版，应该在中国也会受欢迎。

徐善曾：也许你说的是对的。翻译会带上自己的情感，也许他会翻译得非常好。

问：那您还准备写吗？

徐善曾：徐志摩在中国已经被写得太多了。如果写，我不知道有什么与众不同的角度。读者必须理解，我所面临的挑战。这本书中我写到了徐志摩的几个非常有影响力的导师，像泰戈尔、罗素，还写了一些我祖母的故事，另外，中文读者也许是知道中国那段历史的……像这些元素，在写作时都要考虑进去。

问：写《志在摩登》这本书，对您来说最大的困难是什么？

徐善曾：最大的困难是，有那么多的材料得消化吸收，而且绝大多数是中文的。想象一下，你有个祖父是希腊人。

还有一个问题，当我去参加会议时，大家问得最多的，是关于陆小曼和林徽因的问题。

最有趣的是，为了写这本书，我沿着祖父的足迹游历了那么多地方，遇到了那么多人，他们都与祖父有这样那样的联系。

问：关于徐志摩生命中四个女人，您昨天接受媒体采访时的回答很坦率，在书中写到她们也比较客观、理性。写这本书前后，您对她们的看法有改变吗？

徐善曾：我不认为我对她们的看法有改变。从头到尾我对她们都没有先入为主。因为写作不应该带任何成见，而应该持一种开放的态度。

问：对您的祖父，这本书创作前后，您对他的认识是否有所不同？

徐善曾：这个问题我在今天下午的演讲中有所提及。我发现，祖父对祖母不太上心。祖父其实很早就知道，这不是他想要的婚姻。离婚后在相处过程中祖父对祖母反而产生了更多的敬意。我们家族至今保留着他们离婚后相互写的信，信中他们明显表现出相互之间的尊重。这些信从未公之于众。这并不是因为有什么不能见人的内容。

问：这些信如果能够整理出版就好了。你们有这个打算吗？

徐善曾：我可以尝试，但首先得确保我能通读这些信。现在我还无法读懂这些信，它们都是中文的。

问：还有一个问题，或许比较敏感，如果您不愿意，可以不回答。国内学界有一种声音，说陆小曼临终前希望死后能与志摩合葬，应该帮她实现这个夙愿。想听听您的想法。

徐善曾：其实我从来没机会来理解这种诉求。应该有一封父亲写给海宁市政府的信，不知你是否看到过，父亲在信中表达过不想我祖父与陆小曼合葬的意愿。非常自然的，我们这边不赞成他们合葬。我是学物理的，受过良好专业训练，事情总是要从两面来看，从而做出决定，为什么这样做，或者不这样做。我非常理解那些希望他们合葬的诉求。

（本文是2017年4月15日晚上，徐善曾博士在杭州接受《嘉兴日报》采访的谈话记录，载《嘉兴日报》2017年4月21日《江南周末》版；采写：沈秀红，翻译：徐莹，整理：高云玲）

徐善曾祖母张幼仪▶
和孩子们

徐善曾：谈祖父母，将为徐志摩著传

2014年6月30日，应英国剑桥大学国王学院院士艾伦·麦克法兰（Alan Macfarlane）教授和他的同事王子岚女士的邀请，我来到剑桥，参加了即将开幕的徐志摩影像展。这次展览由英国剑桥大学国王学院档案馆、国王学院“康河计划——保护即将消失的世界”、中国海宁市对外文化交流协会与徐志摩家族联合举办。徐善曾博士（徐志摩长孙）与剑桥大学国王学院院士、英国学术院院士艾伦·麦克法兰教授担任顾问。展览的举办获得剑桥大学国王学院院长、教务长与院士们的特许与支持。展览于2014年6月1日—10月31日在剑桥大学国王学院大教堂展厅举行，展览地点在建于1515年的国王学院大教堂。本展览是国王学院在大教堂展厅首次举办以亚洲学者为主题的展览。

正如艾伦·麦克法兰教授在展览的序言中介绍："徐志摩于1921至1922年期间在剑桥学习与生活，并成为研究生入学国王学院。他作为一位诗人的创作才华，深受这段经历的启发。那时的剑桥刚刚经历了第一次世界大战，百废待兴，各类伟大的科学家、哲学家和作家齐聚一堂。特别是著名的知识分子小团体'布鲁姆斯伯里团体'，曾经活跃于伦敦与剑桥大学国王学院，它的成员包含著名作家G.洛斯·狄更生，弗吉尼亚·伍尔夫和爱德华·摩根·福斯特，同时还有艺术家邓肯·格兰特和罗杰·弗赖。他们当中的许多人都是徐志摩的朋友，同时也是他的精神导师与支持者。徐志摩与他们保持了多年的关系往来，并在他两次重游剑桥时与这些老朋友见面。”

本次展览的举办有非同寻常的意义，对公众而言，是一次极好的了解中国文化的机会。于徐志摩家人而言，他们亦有机会重回先人生活、学习过的地方缅怀逝者。徐志摩如同一扇窗，让东西方的人窥见彼此文学艺术领域的美。在徐志摩逝世多年，他的诗歌、散文，他对理想的追求，以及他所在时代关联的种种都不曾褪色。相反，它们以各种形式不断回到公众视野。

借此机会，《经济观察报》采访了徐志摩的长孙徐善曾。常年在美国生活，徐善曾虽不会讲中文，但流动眉目之间的神情，让人觉得他就是徐志摩应该有的模样。

问：作为工程师，你怎么看待自己的诗人祖父徐志摩？

答：今天，很多中国孩子有机会实现自己的理想，比如：成为医生、成为工程师，等等。但这或许并不是他们的“理想”，仅仅是因为这些工作更实际。当年，我和我的兄弟姊妹作为移民来到美国，英语并不是我们的母语，我们需要从实际的角度考虑怎么在美国立足，赚钱养家。我学的是物理，成了一名工程师，这份工作让我过得不错。我妹妹也是如此，她有不错的工作让她过自己想过的生活，但这种生活又不全是理想主义式的。从我自己来讲，我是后来才意识到自己对历史的兴趣，而这一点也与我渴望探寻祖父过去的热情结合在一起。

问：不论从徐志摩的家庭，还是从他本人来说，徐志摩从小就被培养成一名作家。可以说，他的成就和他的家庭密不可分。

答：是的。徐志摩的父亲是浙江的一名成功商人。对徐志摩而言，这意味着他能得到足够多的经济支持。加上他自身的努力，这些因素都使他能追逐自己的梦想，尽管对徐志摩的父母而言，他们可能更希望他继承家族生意。

问：你人生的大部分时间是和父母、祖母生活在一起吗？

答：我生于1946年。1948年时，我的家庭开始迁徙，从上海到广州到澳门到香港。同年，我的父母离开上海后就去美国求学了。他们把四个孩子留给我的祖母张幼仪。在香港，我们生活了两年，直到我的父母要求我们去美国生活。

问：你和祖母亲近吗？

答：她几乎充当了我们兄妹的母亲的角色，至少在我1–6岁的时候是这样的。我们几个人中，我的二姐和祖母很亲近。一方面，祖母对于祖父的种种，有谈论的兴趣。她会讲一些自己对某事的看法，以及为什么有些事情会演变出最后的结局。个中细节，我在我写的《徐志摩传》中会有所提及；但另一方面，她也接受既成的事实。我必须很谨慎地说，她不一定100%原谅了徐志摩。

这一点很重要！当然，作为一个有信仰的人，她知道自己该如何谅解他人。或许，在中国文化中，做到这点不容易，但在西方文化中，这实属常见。

问：你的祖母如何纪念你的祖父呢？

答：她并不经常提起这个话题。事实上，她比较晚才意识到我的祖父有非凡的天赋、能力。某种程度上，我不确定她是否接受了祖父对待生活的态度和她不同的事实，尽管她其实是受害者。很难讲她是否完全原谅了祖父。我想，当人年长时，才会意识到不是所有人都以同一种方式生活的。

问：你什么时候开始对祖父的故事产生兴趣的？

答：这得回到 45 年前，那会儿我 20 岁左右，在密歇根大学读书。大一那年，有一天我在宿舍，我同学跑来对我说："你快去楼下看看，有你认识的人。"同学的提醒，让我意识到学校那几天有场关于徐志摩的讲座，主讲人是加州大学伯克利分校东亚研究系的主任。我还记得他演讲的主题是：论托马斯·哈代对徐志摩的影响。接着，就有人这么介绍我和我的姊妹："他是徐志摩的孙子，那位是徐志摩的孙女。"我才意识到徐志摩原来在西方世界如此有名。对我来说，被人正式介绍的感觉既奇妙又兴奋。尽管我成天研究的是数学、物理，但那篇关于徐志摩研究的文章我是绝对不会错过的。这是我对徐志摩产生兴趣的起因。从密歇根大学毕业后，不论我去哪所大学，比如：耶鲁、哈佛、哥伦比亚大学，我都会看看学校里有些什么关于我祖父的材料。对徐志摩的探寻，从我年轻时延续至今。

问：你是否参加过任何关于徐志摩、徐志摩诗作的讨论会？

答：几年前，纽约的一个华人NGO（非政府组织）文化组织举办了一场徐志摩逝世纪念日的活动，活动由该组织和哥伦比亚大学联合举办。当时，有 15-20 个人出席的活动，大家读诗、讨论诗，我想应该就像今晚我们将在剑桥大学国王学院教堂里要做的那样。我也做了简单的发言，谈了几句。

在美国，有一批研究诗歌的学者。斯坦福大学的肖云成（音）教授，在我所知范围内，他是唯一一位翻译了所有徐志摩诗作的学者。我读了所有徐志摩的诗的译作，我认为徐志摩诗作的魔力在于它们蕴含了中文之美，而这种美却很难存在于翻译中。因为中文的发音，是无法被翻译的。所以在英文版的诗作中，你无法体会到那种神奇的质感。这就像是去听歌剧，唱腔是优美的，但假如我们以读的方式念那些歌词呢？你肯定无法享受。只有以歌唱的方式来表述那些唱词，你才会觉得这是优美动听的。

另外一场我参加过的活动是 2012 年召开在中国山东济南的徐志摩讨论会。这个活动由中国诗歌学会与首都师范大学中国诗歌研究中心联合举办，他们请了一些人进行了若干小组讨论。

问：你认识中文吗？

答：不认识，所以说那次行程对我来说是艰难的。我尽力在理解。

问：我听说你在写一本徐志摩的传记，你的这本书会和其他徐志摩的传记有什么不同吗？

答：我想，我的读者大部分应该是外国人，因为我希望更多的外国人了解徐志摩是谁，了解在当时的历史语境下徐志摩的一生。很难讲我写的书和市面上众多的徐志摩传记有多大的不同。如果一定要说，我认为这本书是以我的方式，从我的角度来讲述徐志摩的故事。这本书我会写120页左右。

问：在你的书里，你会回避徐志摩的个人浪漫史吗？

答：的确，徐志摩是个浪漫的人，而且他的浪漫天性在他的一生中扮演了如此重要的角色，并影响着他的创作。假如徐志摩没有经历那些大的人生变故，他的作品可能不会这么好。我想说的是，徐志摩的一生有太多戏剧性的成分，太多故事发生。

问：你怎么搜集写作素材的？

答：有不同来源。我和家人去了不同的图书馆查资料，并且请人把中文资料翻译成英文。同时，我们也走访了一些了解徐志摩和相关历史的人。比如：我去了上海图书馆查资料。去之前，我联系了他们的图书馆馆长。在上海图书馆，我看到了徐志摩第一本出版的诗集。让我感动的是，图书馆收藏了五册徐志摩最早的诗集。显然，这五册书来自不同的人。其中一册有关于我祖母的笔记，都是一些赞美的话。馆长很帮忙，除了这些书，他还帮忙找了一些觉得会对我有帮助的报刊资料，上面记录了徐志摩生平周遭，以及他如何去世的新闻等。能看到众多的原始资料，这是非常难得的。

问：有没有你认为写得不错的关于徐志摩的英文书？

答：我觉得张邦梅写的《小脚与西服》是本不错的书，张邦梅是张幼仪的侄孙女。这本书里有很多关于祖父、祖母的细节。在我看来，张邦梅的描述是准确的。当然，可能有些人会认为书中内容和历史有些许出入。

问：来剑桥国王学院参加这次徐志摩展，对你有什么特别的意义吗？

答：这次活动无疑是特别的，它让我和徐志摩的一段重要的人生发生联系。今天晚上，我有一个简短发言。我很感谢艾伦。

问：我们都知道徐志摩死于空难。假如他没有乘坐那架邮政飞机，你能想象出他后续的人生会发生些什么吗？

答：我想应该有几件事情他应该会去做。比如，他会去国外待一阵子，给他的人生再次“充电”。方式可能是开始一段浪漫史，可能是创造一种诗歌书写的新方式。当然，我觉得他很可能做的是开始一段新恋情。

问：他会离婚吗？

答：这是我不能回答的。但是，从我看到的每一条证据都表明他和陆小曼在一起的日子过得很艰难。一方面，徐志摩希望能满足她，另一方面，从某种程度而言，他又没办法做到。但我认为这么做对徐志摩的文学创作而言，能使他继续前进。在当时的文学圈，其他不少作家也都有很多浪漫史。从当时徐志摩所处时代的政治环境来看，那段历史是残忍的。

《经济观察报》

2017 年 4 月徐善曾▶
携妻女回乡祭祖

专访徐善曾：祖父一生实在太丰富了

问：听说你要写一本有关祖父徐志摩的传记？

答：是的，我收集了很多关于祖父的资料，他的一生实在太丰富了，而且到过好多个国家研究学问，收集起来有一点费时。

问：请问你完成了吗？

答：还没有。要写我爷爷不是那么容易，因为我不懂中文，所以我只能看过他所有的英文翻译作品，还有他用英文写的作品。

问：为何想写祖父的传记？

答：小时候常听祖母谈起，后来也看到很多报道，我很佩服他的文学对中国的影响，也因此对那个时期（五四运动时期）的中国文学特别有兴趣。

问：和奶奶一起住过吗？对你的奶奶印象如何？

答：小时候，和奶奶一起住了六年。她很能干、很聪明，会讲好多国语言，个性很严谨，有时候又很轻松，她一生拥有很多朋友，对我们很慈祥。

问：奶奶是否常怀念爷爷？

答：是啊，奶奶在谈爷爷的时候，心情都还满愉快的，好像是用一种很怀念过去的心情，所以我在想，爷爷应该很迷人。她从不排斥谈到爷爷。

问：在你心目中，爸爸是个怎么样的人？

答：我爸爸是个又严肃，又很幽默的人，他很乐于帮助朋友，而且很慷慨。我并不会怕他，但是很尊敬他，父子间的关系就像二十世纪五十年代，一般移民来美国的中国家庭一样，有点敬畏，但也很亲近。

问：爸爸支持你想写爷爷传记的做法吗？

答：我爸爸其实还是挺喜欢爷爷的，不过，当然他也会有他的想法。但他还是支持我的，不然就不会带着我去上海，寻找爷爷的老家，不是吗？

问：传记预计什么时候完成？

答：坦白说，我无法确定，不过，我会坚持下去的，我已经花了很长一段时间去收集资料。

（台湾《独家报道》周刊，2000 年）

徐善曾携妻女▶
回乡祭祖

徐善曾：

我的祖父是一个真正的学者

我生于1946年。1948年时，我的家庭开始迁徙，从上海到广州到澳门到香港。同年，我的父母离开上海后就去美国求学了。他们把四个孩子留给我的祖母张幼仪。在香港，我们生活了两年，直到我的父母要求我们去美国生活。

不是每个人都有天赋成为诗人，我的祖父是杰出的诗人，不意味着他的儿子和孙子就想成为诗人。我很小的时候就被问，“想成为诗人吗？”我就问为什么。每个人的梦想不同，也许我有的基因还有成为商人的一部分的。

当年，我和我的兄弟姊妹作为移民来到美国，英语并不是我们的母语，我们需要从实际的角度考虑怎么在美国立足，赚钱养家。我学的是物理，成了一名工程师，这份工作让我过得不错。

过去几年，我到世界各地搜集祖父遗留的资料，拜访他学习和生活过以及那些对他产生重大影响的地方。这其中包括英国、印度、俄国、意大利以及中国的许多城市，包括济南、海宁。我寻找这些地方的美、深度和意义，每个地方都有不同的感情，每一处都是特别的。

我的祖父是一个真正的学者，他做的一些事情也许有人异议，但他知道社会是这么改变的，而且他有他自己的生活哲学。

（辑自王超英《徐志摩长孙今日携妻女来海宁，他眼中的爷爷是这样的》，浙江在线，2017 年 4 月 14 日）

剑桥大学国王学院里的徐志摩纪念石，其上刻有《再别康桥》的诗句。

徐善曾：

祖父仍然活在读者心中

对我的三个姐妹以及我的女儿和夫人而言，真正令人高兴的是，对数百万的一直喜欢他的诗歌的中国人，还有那些刚刚接触他的创作的新一代人来说，祖父仍然活在他们心中。

此行非常有意义，一部分原因是我希望能够主持这个 120 周年活动。回到这里是个很好的选择。而且没有什么比 120 周年更加特殊而有意义了。

辑 三
祖父志摩

（辑自沈亦山、胡徐峰报道《徐志摩长孙访祖父故乡，听诗歌献花束寄托思念》；中国新闻网，2017年4月16日）

浪漫主义诗人▶
徐志摩

徐善曾

祖父是一位浪漫主义者

追寻徐志摩所开创（或引领）的“现代文学”，祖父的诗改变了旧中国的文学发展方向。我的祖父对后来读者的影响不止其作品，他的生活方式也对身边的人甚至当代人有深远的影响。

今天有很多中国孩子有机会实现自己的理想，比如成为医生、工程师等等，但这或许并不是他们的“理想”，叫“工作”更合适。我和我的兄弟姐妹当年移民来美国，我们需要从实际的角度考虑怎么在美国立足，赚钱养家。我的家人们都有各自比较理想的生活，但这种生活不全是理想主义。我的曾祖父是浙江一位成功商人，这次我也将去杭州、海宁探访，他有能力追梦，他是一个浪漫主义者。

（本文系徐善曾博士2017年4月9日与成都画家高小华、《成都商报》记者谢礼恒等的谈话，据王和平新浪博客辑出）

徐善曾像▶

徐善曾

关于祖父的“八宝箱”

一个可知的事实是，徐志摩曾把许多重要的私人信件和书籍交给知己凌叔华。盛放这些私人物件的“宝箱”到目前都是一个谜。

祖父的一生比起他人的一生是相当非凡的，甚至对现在的我依然有着深深的影响。大家都知道“宝箱”的故事，宝箱里面保存有徐志摩的信件，但在他遇难后，宝箱似乎也失踪了，之后的故事就围绕在林徽因和凌叔华之间。“宝箱”对我来讲确实是宝贝，里面的信件可以验证历史的真实性。我也试着寻找过宝箱，但很遗憾，没能找到。它浪漫地消失了。

（本文系徐善曾博士2017年4月9日与成都画家高小华、《成都商报》记者谢礼恒等的谈话，据王和平新浪博客辑出）

高小华作品▶
《徐志摩和他的朋友》

徐善曾

谈高小华画作《徐志摩和他的朋友》

这幅作品真正打动我的是，在我祖父生活中出现的人，都出现在了这张作品里，让我感觉我们是在重建他的历史。

大家都很关注这件作品的安排。哦，之前我从未向外界透露过，但我希望高小华先生完成之后，会制作三或四份复制品，一份给剑桥大学国王学院，一份给海宁博物馆，一份给台北或香港，现在还不确定。原作由我自己保存。

我对这件很满意，甚至超出了我的预期，人物表情惟妙惟肖，栩栩如生，似乎原景再现，我知道这需要很丰富的想象力才能完成。大概三周前，剑桥大学国王学院院士艾伦·麦克法兰来洛杉矶访问，晚餐时，我提起希望捐赠给国王学院一份画作的复制品，并且谈到该画融合了中国视角，画作中的人物不只中国人，还有罗素等西方形象，麦克法兰当即表示欢迎，并表示每周剑桥都会迎来中国观众和学者的参观访问，届时会将该画作展览出来。

剑桥学院对徐志摩十分看重，大概五年前，剑桥大学 600 周年校庆时，学校选出了“十五佳校友”，其中就包括达尔文和徐志摩。

（本文系徐善曾博士 2017 年 4 月 9 日与成都画家高小华、《成都商报》记者谢礼恒等的谈话，据王和平新浪博客辑出）

徐善曾：谈祖父徐志摩生命中的三位女性

一、祖母张幼仪

我不认为有人能知道徐志摩到底爱哪个女人。我所知道的，只是我的祖母传达给我的部分。我祖母和祖父之间的关系是不幸，我记得那是在 1921 年，也是他们关系中最艰难的一段时间里，徐志摩和林徽因陷入了一段恋情。当我的祖母到达沙士顿（Sawston）的时候，她非常失望，因为徐志摩提出了离婚。

我相信这对我的祖母来说是一段非常艰难的日子，我无法想象一个从中国来到外国的 21 岁女人，一个不会说英语、怀了孕，还得知自己的丈夫要提出离婚的女人，当时是何种心情。这对我的祖母来说是极具悲剧性的一幕，但是在离婚之后，我相信他们建立起了一种不同于以前的关系，无关乎浪漫，而是相互理解的一种默契。我认为徐志摩和我祖母的缘分是命中注定的，在他生命的后半段，他开始更加地去珍惜我的祖母张幼仪。

二、林徽因

在我的记忆中，我的祖母并没有经常提起她。林徽因是一个很优雅得体，并且受过良好教育的女人，在之后的生活中，她也找到了自己的爱情。人都是复杂的，很难一概而论。我认为她只是一个徐志摩没有实现的梦想。但是不可否认的是，每一个女人的出现都为他的创作提供了灵感，我无法说出哪一首诗是写给谁的，但是我相信有文献记载。

在我大概 2 岁的时候，林徽因曾请求我的祖母带我们去医院看她，也许我真的见过她，但现在已完全不记得了。这件事，让我觉得很好奇，为什么一个病重的女人会要见徐志摩的子孙？在我看来，这或许是她对徐志摩还有着一种感情，她认为自己将不久于人世，希望看到传承了徐志摩血脉的后代。

三、陆小曼

祖母张幼仪认为陆小曼是一个非常迷人的人，有着非常鲜明的性格特点和魅力，并且能够吸引所有人的关注。然而另一方面，在我祖母看来，陆小曼也是一个曾经吸毒并且从某种程度上来说对徐志摩并不忠诚的女人。

编按：本文辑自谢礼恒、犹黎、付丹阳采写的新闻报道《成都画家画出徐志摩朋友圈》（载《成都商报》，2015 年 6 月 9 日）。报道称，徐志摩唯一嫡孙徐善曾邀成都画家高小华创作了徐志摩朋友圈群像，该作品或将收藏在剑桥大学徐志摩纪念馆。

又：徐善曾提到的林徽因请见一事，张幼仪后来在口述回忆录《小脚与西服》中披露了这次见面的过程：“一个朋友对我说，林徽因在医院里，刚熬过肺结核大手术，大概活不久了。连她丈夫梁思成也从他正教书的耶鲁大学被叫了回来。做啥林徽因要见我？我要带着阿欢和孙辈去。她虚弱得不能说话，只看着我们，头摆来摆去，好像打量我，我不晓得她想看什么。大概是我不好看，也绷着脸……我想，她此刻要见我一面，是因为她爱徐志摩，也想看一眼他的孩子。”

徐志摩与张幼仪▶

徐善曾：谈祖父祖母

我对祖父没有印象，但却相当推崇。祖父也许不是一个家庭式的男人，没有太多时间留给自己的家人，但是他对自己的文学创作却相当坚持。我希望亲自感受祖父的文学，数年前我特别对祖父的生平做了一些研究，但因为有关祖父的英文文献缺乏，所知有限；于是我在五年前去了欧洲，特地到祖父过去留学过的地方走了一趟，伦敦、剑桥大学与巴黎等地，追踪他的足迹。虽然

我的中文能力有限，我未来的心愿是写一部以祖父为故事背景的书。

编按：本文辑自刘爱真《理想主义的实践者：一代诗魂徐志摩》（载《世界日报周刊》2003 年 10 月 20 日）一文。

徐志摩像▶

徐善曾

解读祖父：探寻诗人光环背后的徐志摩

小时候在中国的事情我记得不多，我会想起我们上海家里后花园盛开的鲜花，跟喧嚣的市集；我也会想起小时候游览过的杭州西湖。

我的祖父生在中国，他爱中国的人民、城市、农村和大自然。我的三位姐姐和我一样感谢千千万万喜欢他诗歌的华人，还有那些刚刚接触他创作和生活的年轻华人，祖父仍然活在他们心中。大家重新对祖父徐志摩燃起兴趣，体现在源源不绝的影视节目、戏剧和中文书籍的诞生，这些创作都在纪念祖父。2000 年，根据祖父一生改编的电视剧《人间四月天》在中国播出；2013 年，央视为祖父制作了一部 20 集的文化纪录片；祖父的几首诗被改编为流行歌曲；香港演员马浚伟最近自编自导自演的舞台剧《偶然・徐志摩》，受到热烈欢迎。

祖父于 1920 年就读于康桥大学（编注：如今的剑桥大学）国王学院，2014 年以来，国王学院每年举办徐志摩诗歌艺术节，吸引了来自世界各地的艺术家、作家。自 2005 年以来，海宁市每年举办徐志摩诗歌节。许多中国朋友、艺术家、学者告诉我，祖父至今仍然启发着许多人。美国华盛顿州大学东亚系薛嘉莹教授（译文如此。据编者分析，也许就是大名鼎鼎的叶嘉莹教授。叶曾应邀在美国哈佛大学和密歇根州立大学任客座教授——编者）这样说，徐志摩体现了浪漫主义的精神，他全心全意相信爱、美和自由，他选择不遵从家庭期望，走自己的路，勇敢去爱，成为传奇诗人。很多现代华人背负着家庭和社会的很多期望，徐志摩对他们来说象征着现代的思维方式。

在剑桥大学国王学院有一块石头，启发了我的写作。多年来，我一直想写我祖父的传记，但从来没有付诸实践。2008 年在剑桥大学访问中，我看到了国王学院为纪念祖父而竖起的纪念石。石头上刻着祖父的四行诗："轻轻的我走了，正如我轻轻的来；我轻轻的招手，作别西天的云彩。"只刻了中文。其实，这是有意如此做的。对于会讲汉语的访客来说，都知道石头上的四行诗句来自祖父的《再别康桥》，但对于不会中文的访客来说，那石头上的诗是个谜。纪念石于 2008 年出现之后，我在康桥书店寻找关于徐志摩一生的书，我找遍了书店，令我意外的是，关于他生平的英文书非常少。2012 年，剑桥大学荣誉教授 Alan Macfarlane 问我能不能写一个关于祖父生平简短的介绍，这个介绍会印在一个简章上，让访客对这块纪念石多少有些认知。我问自己能做到吗?应该没问题。

今天我带来了这本书。我所谓的小册子、小简章膨胀成一本复杂的书。尤其对我这样学理工不是学文学的人，我想写的徐志摩的小册子变成了一场四年的旅行。我到世界各地周游，去了四大洲，八个国家，寻找我祖父的足迹。在这几年中，我访问了中国、英国、美国和日本的专家，我在剑桥大学访问，并且找到了罕见的材料，还前往泰戈尔在加尔各答附近的家，见到了祖父的好友散居全世界的后代……

为了追寻我祖父的故事，我甚至在康桥的鹅卵石街道上沿着康河骑自行车，访问格兰切斯贝尔村，这是我祖父当年曾聚会的地方。这条路走下来注定是个悲剧，在黄昏之后自行车的刹车坏掉了。唯一可以停下自行车的方式就是撞上一道墙。我以祖父的方式看到了康河。

当我越来越了解我祖父所代表的理想时，我知道我不能只是强调他的成就，而不谈他生命中的灰色。

在我的研究过程之中，祖父徐志摩个人思想和许多令人不安的决定所引起的争议都必然在我眼前。在撰写这本书后，我意识到《志在摩登》（即徐博士英文著作《我的祖父徐志摩》，一译《志在摩登》——编者）不仅会让英文读者认识我祖父，也可以让华人读者更深入地了解他的选择。首先我想告诉大家我祖父最有争议的一件事，就是在二儿子彼得出生后，他和我的祖母张幼仪离婚。就像当时的习俗一样，经由父母之命，媒妁之言，祖父和祖母结婚，但是结婚七年后祖父的信念渐渐转换成现代人——一个现代人应该基于爱情和热情选择伴侣，而不是根据古老的传统。同时，他已经爱上了林徽因。

离婚后我的祖母一个人在欧洲，一个人生活养小孩，彼得患腹膜炎时祖母不能负担必要的医疗费用，三岁的时候就夭折了。在徐志摩决定追求自己的理想时，这是一个大悲剧。我承认有时候我希望他做出不同的选择，当我多年阅读他的文章诗歌，关于他生平的作品的翻译，并试图了解他的时代与时代给予他的压力，真正感受并理解他的动机。他那样做让我最终不仅了解他，而且尊重甚至敬重他，我意识到祖父是一个突破框架的人，他也是一个个性鲜明的人，他不仅坚持他的信仰、他的想法，即使这样会伤害到他和他周围的人，亦复如此。我从他选择对自己忠诚的态度，学到了许多。从我的写作过程中得到的最大教训是，我们不能总是通过当代的标准来判断过去和前人的决定。

今天徐志摩的遗产已经从“文革”的动乱中起死回生，慢慢浮升，他的作品在中国现代文学中占有一席之地，学子也在学习他的诗歌、散文。不管祖父受到多少折磨，也许正因为他受到许多折磨，他的创作继续，他的生命继续。

为了写这本书，我追寻祖父的足迹将近五年，究竟我学到了什么?

在某种程度上我了解为何祖父身后留下的选择有如此不可动摇的影响力。除了先天的聪明才智之外，他的品格、他的言行，所有和他共事的人都与他总是产生共鸣。他认为通过他的诗歌和他的真诚面对理想，他可以将他的国家和他的人民带离一个充满不合时宜的习俗和信仰的时期，前往情感和理性的自由，进入现代光明的自由国度。

（本文是 2017 年 4 月 15 日下午，徐善曾博士在杭州纪念馆“徐志摩诞辰 120 周年国际纪念会”上的发言，载《嘉兴日报》2017 年 4 月 21 日《江南周末》版；采写：沈秀红，翻译：徐莹，整理：高云玲）

◀徐志摩研究会
会议现场图

徐善曾

给济南徐志摩研究会的贺词

我愿意把最热烈的祝愿给予济南徐志摩研究会的成员们，因为他们所从事的是研究、理解志摩文学，从而提升志摩文学内涵的另一种事业。我们也非常感谢这个团体，他们致力于探究一个更深入贴切的志摩形象以及现代中国作家的浪漫时段。我们希望研究会的成果将能启发中国新一代的作家们在自己的创作上有所突破。

（2013 年 5 月 18 日）

附：原文

I would like to extend my warmest wishes to the Jinan Xu Zhimo Study Society (济南徐志摩研究会) as they embark on their mission to study, understand and promote the literature of Xu Zhimo. We are very appreciative to know there is this group that is promoting a more in-depth understanding of Xu Zhimo and the literature of the romantic period of modern Chinese writers. Our hope is that this group will inspire another generation of writers to breakthrough in China.

◀徐善曾先生

徐善曾

2012 年在济南徐志摩研讨会上的留言

我希望这次在济南的会议将能够鼓励年轻作家们追逐他们的文学或诗歌梦想。能有这么多才华横溢的学者到山东来，真的是一次非常难得的机遇。我希望能再次回到这里并有更多的时间来了解这一很特别的地方。

徐善曾先生▶

徐善曾

祖父徐志摩：他同他所处的时代一样复杂

据说人都有寻根问祖之本能：探寻与祖先共同拥有的生命特点，感受他们的声音，理解他们如何生活，了解那些特殊的天赋和深刻的缺陷。如果进化论能告诉我们一切，那么他们的智慧与经验就存在于我们的 DNA 中，他们的性情、精神和身体特点也影响着我们。了解自身的祖先即是了解我们自己，就是这种了解自己祖先的内在驱动力在一定程度上使我一直以来对我的爷爷徐志摩抱有好奇心。

作为一位来自上海的移民家庭的孩子，我在纽约皇后区的一座不大的房子里长大。房子的餐厅里挂着一幅爷爷 20 世纪 20 年代装裱好了的照片，我曾经无数次从它面前走过。照片上他穿着普通的丝质立领夹克，戴着圆眼镜，这与我每天穿 T 恤和牛仔裤不同。作为一名诗人、知识分子，他与我的工程师父亲以及少年时期送过报纸的我截然不同。有时，我会在照片前驻足，想象镜框里的人和我聊天。

直到我后来成为一名密歇根大学工程学学生（那时这所大学少有中国学生）后，我才意识到爷爷的精神遗产对我的影响。一次，一个大学朋友捡到一张传单，讲到加州大学伯克利分校的东方语言系教授白芝（Cyril Birch，美国著名汉学家，翻译了中国明代多部著名戏剧，包括《牡丹亭》首译本）最近在校园里做了一次关于徐志摩和英国著名诗人托马斯・哈代之间关系的演讲。当看到上面的中文名时，朋友给我看传单，开玩笑说，“嘿，他是不是你亲戚？”这个小插曲也成为我寻访爷爷如何成为一个中国诗人埋下了伏笔。

踏上探索之旅，我走了三大洲、一个次大陆的八个国家，采访到无数学者、作家、我的家庭成员、熟人，还有徐志摩朋友的后人，阅读了大量关于他的论文、文章和书籍。有幸同哈佛大学、加州大学等数个名校的东方文学系教授做了深入探讨。我感触很深的是，透过剑桥大学享有盛誉的作家高斯华绥·狄更生的办公室和剑桥国王学院院士艾伦·麦克法兰那间小教堂的屋顶，英格兰斯旺西破旧的小屋乌云密布，徐志摩和他的第一任妻子（就是我的奶奶张幼仪），曾在那里度过了困厄不快的几个月，还曾在附近一个俱乐部喝过茶。这座俱乐部是亚洲首位诺贝尔文学奖得主、印度诗人泰戈尔以我爷爷的名字命名的。我还到过徐志摩生命终点的山脚下——1931 年，两名中国航空公司的飞行员载着他，撞向了开山。他和两名机师全部遇难。

徐志摩生活在中国历史上也许是最混乱和充满变数的时代。20 世纪初，中国人决意穿越国界，放眼看世界。

“天朝上国”的地位被提出了疑问与挑战，国家的精英们开始以西方的视角来积极探索社会习俗、结构，并思考着将西方思想融入中华文化。在他相对短暂的一生中，徐志摩不仅见证了中国社会政局发生的巨大变化。

在我多年的研究中，我发现了许多徐志摩作为作家和社会先锋的天赋，也见到了更多震惊与失望——关于他的性格与选择，关于他如何对待最亲密的人……总的来说，我在努力细致地描绘一名以自己的方式改变中国文学和社会进程的人，他的激进有时甚至影响到了祖国，他的作品完全展现出了他的激情、多面的人格和矛盾的视角。如果要我用简单一句话来概括爷爷的一生，我会说：他同他所处的时代一样复杂。

但愿我说这些能偶尔激起各位阅读徐志摩的兴趣，并像一个世纪以来许多中国读者一样，充分享受他的诗歌。

（本文系徐善曾博士2017年4月9日受《成都商报》记者谢礼恒之邀而写，原题《他同他所处的时代一样复杂》，据王和平新浪博客辑出）

《徐志摩与济南》书封

徐善曾：给《徐志摩与济南》一书的致辞

济南和山东省一直吸引着我的目光，不只因为我们能够从旅游指导手册上得到的那些关于自然风光的描述，还因为此地在我家族历史上的特殊性。这是我祖父徐志摩曾多次游历过的地方，也是他80多年前不巧去世之地。我还知道，济南市与山东省还以它丰富与漫长的历史以及拥有诸多大诗人、大作家而闻名。

事实上，在2012年夏天，山东省和济南市以及两位教授就盛情邀请我的家人（包括内人徐包舜如和女儿徐文慈）到济南做客，一位是法国兰斯大学的物理学教授张葵博士，另一位是北京中国科学院的地质学荣誉教授和高级研究员孙枢博士。很多年前，张教授曾住济南，她在2012年邀请我们回她故乡旅游。我发现一些有意思的事，尽管两位教授和我都拥有理工背景而非文学教育出身，但我们有一项共同的兴趣：我的祖父。

事实上，我们对济南的访问聚焦在一件具有特殊意义的事上：济南徐志摩文学研讨会，它吸引了至少12位教授，很多诗人、作家、研究者、记者和编辑，以及山东省和济南市政府的领导官员，部分参会者甚至从上海和北京远道而来。对于有如此多的学者参加这次会议，我感到惊喜交加。

我仍然记得我们全家和张葵、孙枢两位教授乘动车从北京前往济南时自己内心的焦虑，我知道这次访问的重要性。我们将前往祖父所乘飞机误撞泰山余脉后失事的地点拜谒。我内心感慨万千。

我没能发现太多关于描写徐志摩失事地的史实文字，因此我不知道等待我的是怎样的场景。通向目的地的路是一条土路，接着是攀爬一段陡峭又崎岖的小路，抵达一座草木郁葱的小山（属于泰山山脉的一部分）。在一段陡峭山坡的缓和地带，我们发现了两块精心凿刻的纪念碑，一块出自济南，另一块则来自海宁，巍然耸立，看起来像美国人的墓碑。我被祖父纪念碑前的鲜花和之前造访者留下的文字深深感动。

伫立良久，我注视着这广阔美丽的山谷，情不自禁想起祖父在那个劫难的夜里，当中国国家航空公司(CNAC)的那架飞机被大雾笼罩而迷失方向后撞向山坡的情景。我想象着祖父在这架飞机上，透过机窗凝视着漆黑的夜，更想起他在散文《想飞》中的最后一句：

忽的机沿一侧，一球光直往下注，硼的一声炸响，——炸碎了我在飞行中的幻想。

我怀疑他的想象否有预知力，然而我相信，徐志摩一定记得济南是一个美丽的地方，在这城市，他曾漫步公园和湖边，进入寺院和佛塔，或许脑海里装满了自然美景甚至准备写下几行诗。我的祖父不止一次写到泰山，无疑他被这座山神圣的气息所折服。他也曾多次造访济南，最让我难以忘记的一次是 1914 年他离家去读大学前与他的父亲一起，另一次众所周知的是 1924 年与印度诗人泰戈尔一起。

我的三位姐姐徐稘、徐放和徐行以及我获知济南市在考虑修建一座有关我祖父的纪念公园时都（感到）非常兴奋和荣耀，我们相信山东省和济南市的美必将继续激发年轻人去寻梦和追随理想眼光。

济南必将在我们家族的历史和家人的内心占据一定的位置，我很感谢能够拜访中国的这一处美丽之地，并期盼将来能多回去走走。

您真诚的朋友

徐善曾

（本文译者：逄金一、李铁）

附：原文

The city of Jinan and Shandong Province have always fascinated me, not because of the descriptions one might find in tourist guidebooks, but because of its place in my family's history. This is a city and province that my grandfather, Xu Zhimo, visited several times. It is also, coincidentally, the region in which he perished more than eight decades ago. Jinan and Shandong Province are known for its very rich and long history and the home to some very well known poets and writers.

Indeed, my family—which includes my wife, Lily and our daughter Alle were kindly invited to Jinan in the Summer of 2012 by the City of Jinan and Shandong Province and by two professors. One was Dr. Zhang Kui, Professor in Physics from Reims University in France and Dr. Sun Hsu, Professor Emeritus & Senior Fellow in Geology from the Chinese Academy of Sciences in

Beijing. Many years ago, Professor Zhang lived in Jinan. She invited us in 2012 to take a trip back to her original hometown. I found it somewhat interesting that while these two professors and I all had technical backgrounds, and not literary education, we had this common interest: my grandfather.

Indeed, our visit to Jinan focused on a special event: The Jinan-Xu Zhimo Conference, a literary symposium that attracted at least 12 professors, several poets and writers, researchers, journalists and editors and Shandong Province and Jinan officials. Several attendees even traveled from as far as Shanghai and Beijing. I was astonished and very pleasantly surprised to see so many scholars come to this conference.

I still recall that as my family and professors Zhang and Sun boarded a Jinan-destined bullet train from Beijing, I felt considerable anxiety. I knew the significance of visiting Jinan. We would be touring the site where my grandfather's plane had crashed, after colliding with the T'ai Shan foothills. I braced myself for a flood of emotions.

I wasn't able to find very much written about Xu Zhimo's historic crash site so I didn't know what to expect. The road leading up to the location was a simple dirt road. We then climbed a steep and somewhat rugged path that led up the hill (part of the foothills of T'ai Shan), which was surrounded by natural brush. At a plateau on a somewhat steep hillside, we found two intricately carved memorial stone monuments,one representing City of Jinan and the other from Haining, which looked very much like American gravestones. The stones were substantial and permanent. I was touched by the flowers and notes that previous visitors had left in my grandfather's memory.

At the site, I gazed out onto an expansive and beautiful valley. I couldn't help but think of my grandfather on that fateful night, when the pilot of his China National Aviation

Company (CNAC) flight found himself blinded by an impenetrable fog, and crashed into this hillside. I imagined my grandfather in the plane, peering out of a passenger window into the dark night, and I thought of his final lines from his essay, *Wanting to Fly*:

"Suddenly the wings are slanting, and a ball of light swoops all the way down, clashing in a boom —and breaking up my imaginings while in flight."

I wonder if his vision was a prescient one. And yet, I believe Xu Zhimo would have remembered Jinan as a beautiful place, a city in which he wandered through parks and around lakes, stepping into temples and pagodas, perhaps to consider the glorious views of nature and to write a few lines of poetry. On more than one occasion, my grandfather had written about T'ai Shan, a mountain whose sense of sacredness he no doubt appreciated. He visited Jinan on several occasions, most notably with his father in 1914 before he left to study at college, and again with the

Indian poet Tagore, in 1924.

My three sisters Angela, Fern, and Margaret and I were all very excited and honored to learn that Jinan is considering the construction of a memorial park dedicated to our grandfather. We believe the beauty of Jinan and Shandong Province will continue to inspire young adults to dream and follow their life visions.

Jinan will always hold a place in my family's heart and mind, as well as out ancestral history. I am grateful for our visit to this beautiful region of China and look forward to returning many more times.

Sincerely,

Tony Hsu

◀徐志摩父亲
徐申如

徐善曾

《徐申如：诗人徐志摩之父》序言

几乎每个中国大陆、香港和台湾的读者，都对我的祖父徐志摩十分熟悉。20世纪初期，他带领中国诗歌进入现代阶段。事实上，我的祖父，经常被视为现代中国文学的代表性人物。他抨击令人窒息的传统和意识形态，为自己的人生与文学，开创一条新的道路。影响所及，他做下的每一个决定，都为这个国家的追随者们所细细品察。

但是他的父亲，也就是我的曾祖父徐申如，一个成功的实业家，却鲜为人知。正因如此，徐家十分感谢刘培良先生的努力，他让世人了解我曾祖父一生的功绩。

在曾祖父 71 年的生命之中，他于丝绸生产、电气照明、发电、电话通信、银行和国家的铁路发展，都有所建树。刘先生深刻地注意到，我曾祖父是在硖石这个小地方开创事业、壮大家族的。虽然在上海或北京经营上述这些行业会容易得多，但他并没有以这类大都市为根据地，相反地，他在硖石这个浙江省的农村地区指挥调度他麾下的事业。这里环境平静安宁，一派田园风光，对我的祖父徐志摩日后的创作影响甚深。

我从来没有见过我的曾祖父，他在我出生前两年就过世了。他过世的时候，我的大姐徐棋也只有四岁。所以我和我的兄弟姐妹，从没有亲近他的机会。我们所知道的曾祖父，并不只是一个令人印象深刻的成功商人。他具有少有的人品、同情心和超前的视野。我们的亲戚常常告诉我们，曾祖父悲天悯人，他不只关怀他的家族成员以及生意伙伴，他还关心每个生命跟他有交集的人，从当地村民到农民皆然。当害虫成群降临在本地农场，以及干旱摧毁庄稼时，曾祖父提供给农民财政援助。在硖石经过大火灾肆虐之后，他资助消防设备，以防患未然。他也是上海南洋中学的重要赞助人之一，刘先生的书提供了许多这样的例子，突出强调了曾祖父高贵的人品。

他远大的眼光，除了让他在武昌起义时，成为支持推翻清朝的一方，也让他明白，新兴的铁路系统将在现代化和连接中国发挥显著作用，并孜孜不倦地游说，使海宁成为杭州和上海之间的主要转运站。可以说，他为他的家乡带来繁荣、稳定与未来展望。刘先生仔细探究我的曾祖父的工作和决策，以及他们对这个国家的影响。

根据这本传记，除了商业上的灵活敏锐，与他对家乡地区的无私奉献之外，我的曾祖父还透过他所做的决定，展现了他的价值观和性格。当他唯一的孩子徐志摩透露出想学文学而不是经济或政治之时，曾祖父强忍自己的失望，并选择完全支持他的儿子，让他以一个艺术家的身份绽放光芒。当他为儿子寻找一个合适的妻子时，曾祖父很高兴遇到张幼仪，她的家族并非因为巨富而出名，而是因为聪明才智。我的祖母张幼仪曾就读一所寄宿学校，恳求父母让她接受教育。她以坚强的性格与荣誉感，坚定支持祖父徐志摩与曾祖父母，即使在她与祖父徐志摩离婚之后，仍旧如此。

一直到现在，我曾祖父在历史上总是扮演配角——他是大诗人徐志摩那位负责、认真的商人父亲。刘培良先生精心研究与撰写的新传记《徐申如——诗人徐志摩之父》，将非凡诗人背后的非凡力量展现于世人眼前，替曾祖父为新兴中国所做出的富有远见的贡献，投射一道辉煌的光芒。

我的姐姐们——徐祺、徐放、徐行，加上我，对于我们曾祖父能因为这本书的出版，而跃上历史舞台，感到非常兴奋。这是一本充实而有意义，并且深具洞见的传记，我和我的家人对刘先生献上最诚挚的感谢与祝福。

徐善曾

美国加州　2016

◀作家逄金一

徐善曾、逄金一往返书信谈祖父徐志摩

一、逄金一致徐善曾（2012 年 9 月 5 日）

嗨，徐先生您好。距上次在济南见面到现在已经很久了。您近来可好？嗯，我最好先向您介绍一下自己。我叫逄德（中文名字叫逄金一），曾在上次会议中给你递过一张《济南日报》记者编辑的名片。我收集了一些关于您济南之行的网址和资料。我对您眼中的祖父徐志摩先生很感兴趣。因此，请给我一个采访您的机会好吗？

1. 您的英文名字叫 Tony Xu？您的中文名字是父亲起的吗？有何寓意？包括您的女儿徐文慈，我注意到也有一个中文名字，虽然她并不会说汉语。请问其中是否带有一种特殊情结？

2. 我记得您提到要写一部关于祖父的小说，不知道现在这部小说写到何种程度了？准备写多少字？何时面世？有没有可能在中国大陆、中国台湾或中国香港出版？我想这个选题，在中国任何一个角落里，一定都会找到知音的。

3. 除了小说，你还会不会把世界各地的您的祖父的足迹集合在一起，组成一个具有纪念意义的图书或小册子？你说过你在满世界行走寻找您祖父的足迹的。这个过程应该有个总结。

4. 正如您非常想知道国内的徐志摩研究现状与大众对徐志摩的爱戴之情到了何种地步一样，我们也一样想知道在美国，在您的身边，都有哪些人在关心徐志摩以及他的诗，研究现状又是怎样的？

5. 您的祖父曾到过俄国、印度，相关图片与资料可否提供一些发布在媒体上，让更多的中国人了解徐志摩，扩大他们的眼界？您知道，中国是诗的国度，国内的人们如饥似渴地想知道关于徐志摩的一切资料与相关情况。

6. 2010 年，一位济南市政协委员，在当年的市政协会议上，提交了关于尽快规划建设徐志摩文化公园建议的提案，受到多家媒体的关注，这项工作也引起了当地有关部门的重视，有关落实工作正在进行中。对于这一个文化公园，您有什么期待、想法、建议？

7. 你这次来济南，留下了四个想知道的话题。我只能回答其中一个，就是现在的青年人依然非常热爱徐志摩，因为他代表了中国现代的诗歌。你不知道，每年的清明和先生的逝世纪念日都会有大量青年学子前来济南长清徐志摩遇难地献花追思，纪念这位伟大的诗人。我想您知道此事后，一定会有一些感想，能与我们分享吗？

8. 您是博士，我也是。我是文学博士。您主要的研究方向、研究课题是什么？您感兴趣的领域与话题有哪些？

9. 您还会再来济南吗？再来济南，最想做的工作是什么？

10. 请发来一些在美国的居家照片，大陆读者对您的生活非常好奇，您说过家中有一幅祖父的像，您很小的时候，就从这幅像前走过，这是哪一幅像，能发给我们看一看吗？

逄金一 谨呈

二、逄金一致徐善曾（2012 年 10 月 15 日）

您好，徐先生。我在 9 月 5 日给您写了一封关于徐志摩的信，请给我回信好吗？我相信我是一个很好的人，想做些有用的事情，期待您的回复。

逄金一 谨呈

三、徐善曾致逄金一（2012年10月18日）

逄先生您好：

很高兴再次收到您的来信，谢谢您经过深度思考的问题。承蒙您的请求，我非常高兴，但我很抱歉没能尽快给您回复。我正在完成一个大的项目，需要全身心投入去做。恐怕我现在没有时间为您提供帮助。

谢谢您。

徐善曾

四、徐善曾致逄金一（2012年11月19日）

逄先生您好：

感谢您寄来这个设计精美的纪念公园方案。建筑师的巧妙构思和精心设计值得赞赏。这位建筑师很有名吗？这是一个多么好的纪念我祖父的想法。对建造这个公园，济南市是怎么规划的呢？关于《徐志摩与济南》这本书都是包含哪些方面的内容？如果不是太麻烦的话，请让我知道相关的进展。

谢谢您。

徐善曾

Pong,

Thank you for sending this beautifully designed plan for a memorial park. The architect should be commended for his exquisite design which was beautifully conceived. Is the architect well known?

What a wonderful thought to honor my grandfather. What is the city, Jinan's plans with regard to building this park?

What aspects will the book about Xu Zhimo and Jinan include? If not too much trouble please let me know of any developments.

Thank you,

Tony

五、逢金一致徐善曾（2012年12月7日）

徐先生您好：

在上封信中您问到设计徐志摩先生纪念公园的建筑师的事情，我很高兴地告诉您他们是来自济南的一个年轻专业团队。

沈秀红是《嘉兴日报》的编辑，她告诉我您想知道徐志摩先生都是什么时间去过济南，我问《徐志摩和济南》一书的作者，他告诉我说徐志摩先生去过济南三次，分别在1914年8月23日、1923年7月、1924年4月22日，书稿最近就会在济南完成。现在我把此书的目录寄给您。

沈秀红说您也将在近期完成关于徐志摩先生传的书稿，什么时候能够完成呢？您能寄一份目录给我吗？您知道很多人想看到呢。要在哪家出版社出呢？您想在中国同时出或者稍后出吗？

您的朋友：逢金一

Dear Tony,

On the last letter, You ask the architect of the memorial park about Xu Zhimo, I am glad to tell you that he is a young and specialized team which is in Jinan.

Shen Xiuhong who is the editor of Jia xing Daily had told me that you want to know when Xu Zhimo had gone to Jinan, I ask the author of the book Xu Zhimo and Jinan, he told me that Xu Zhimo had gone to Jinan three times: 1914/8/23；1923/7； 1924/4/22; and his book will be finished recently in Jinan. now I can send the contents of his book to you.

Shen Xiuhong said your book about Xu Zhimo will also be finished recently. And when do you finish your grandfather's biography? And can you send me the contents of this book? You know there are many people like to pay attention to the story. And which publishing house will publish your book? Do you want a Chinese publishing house in the same time or at after time to publish your story?

Your friend Pong(逢金一)

六、徐善曾致逄金一（2012 年 12 月 17 日）

逄先生您好：

请原谅我对您的前两封来信表达迟到的感谢。谢谢您传来的消息。我很想知道我们能否私下交往。基于有些人可能会曲解我的问题，我想将我的研究和查询完全保密。我希望能得到您的同意。

再次谢谢您。

徐善曾

另：我知道徐志摩先生在泰戈尔在华讲学期间陪同泰戈尔去了济南。我们有徐志摩先生另两次（1914 年 8 月 23 日；1923 年 7 月）是什么原因去的济南相关信息吗？

谢谢您。

Pong,

Please excuse my delay in thanking you for forwarding the information from your previous 2 emails.

Thank you for sending this information.

I was wondering if we could keep our communication private. My preference is to keep my research and queries completely private, as some people might misinterpret my questions. I hope this is OK with you.

Thank you again,

Tony

ps: I know that Xu accompanied Tagore to Jinan on Tagore's lecturing trip in China.

Do we have any record what reason Xu made the 2 other (1914/8/23；1923/7) trips to Jinan?

Thank you.

七、逄金一致徐善曾（2012 年 12 月 20 日）

徐先生您好：

我理解您关于隐私问题的担忧。我非常赞同您的想法。但是，您是一个很好的人，我也是一个很好的人，我们在做的是一件好事，那么，为什么我们还必须秘密进行呢？今天还有很多人仍然喜爱徐志摩先生，他们想知道越来越多的关于他的故事，您知道建造纪念公园需要钱，我是志愿者带头人之一，因此我们想告诉读者越来越多的关于徐志摩先生的故事。希望有一天能够有读者捐款帮助我们建造公园。我写给您的都是对您好的，不是去伤害您的。我立誓。我也是《徐志摩与济南》这本书的作者之一。但是，第一作者现在忙于创作，因此，有关徐志摩先生其他两次去济南的时间，我得过一段时间才能告诉您。

此外，我们想请您为即将出版的《徐志摩与济南》一书写几句话（您想怎么写都是可以的）。我们想把您的话放到书里，让本书因此熠熠生辉。

圣诞快乐！新年快乐！

逄金一

Dear Tony,

I understand your worry about private. And I am very

agree with you. But You are a good man, I am a good man, and which we are doing is also a good thing, then why we had to be private? There are a lot of people love Xu Zhimo even in this times. They want to know more and more stories about Xu, and you know （to build）the memorial park need money, I am one of the volunteer leaders, so we want to tell more and more about Xu Zhimo to the readers, and expect someday there is a good reader will contribute money to help us built (build) the park.

Which I was written can be benefited to you, not to hurt you. I swear.

And I am also one of the authors of the book Xu Zhimo and Jinan. But the main author is busy now, so, about Xu's other two times to Jinan, I had to be delay some time to tell you.

Besides, we want you say something (any words as you like) to the book Xu Zhimo and Jinan which will be published sooner， and we want to make your words put in this book and light it.

Merry Christmas and happy new year!

Pong

八、逄金一致徐善曾（2012 年 12 月 28 日）

徐先生您好：

我这段时间非常忙，我的英文也不是特别好，所以请原谅我这么久才给您写信。昨天《徐志摩与济南》的第一作者告诉我说另外两次（1914 年 8 月 23 日和 1923 年 7 月）徐志摩先生去济南的事情。

1914 年 8 月 23 日，在徐志摩先生中学毕业后，徐的父亲送他乘火车到北京大学读书，中途路过济南，徐志摩先生对由德国人建造的漂亮火车站给迷住了。

逄金一

Dear Tony,

I am very busy on this period, and my English is not very good, so please pardon me for the delay. The major author of the book Xu Zhimo and Jinan told me yesterday the 2 other (1914/8/23；1923/7) trips Xu to Jinan.

On 8/23,1914,After Xu graduated from middle school, Xu's father escorted him to Beijing university by train, then they passed by Jinan, Xu was fascinated by the beautiful old train station of Jinan which was built by the Germans.

1923 年 7 月，徐先生又去了济南。徐先生的朋友王统照邀他去济南，徐先生与瞿俊棠（瞿菊农）等朋友一起到了济南，有一天晚上徐先生津津有味地吃了黄河的鲤鱼，然后他们一起去了济南著名的景点大明湖。王统照也是一名著名作家，他以散文形式生动地记录了这次游玩的情景。

On 7, 1923, Xu got to Jinan again. Xu' s friend Wang Tongzhao invited him to Jinan, and Xu got to Jinan with Qu junong and other friends, Xu ate Yellow river carps with relish one night and they went sight-seeing Daming Lake which was Jinan's famous landscape. Wang Tongzhao is also a famous writer, he recorded this trip interestingly in an essay.

Pong

九、徐善曾致逄金一（2012 年 12 月 29 日）

逄先生您好：

谢谢您送来了我祖父去济南的有关信息。照片上济南的风景好美，希望我下次去济南时去看看。

尽管我对济南知之不多，但我听说这个城市有着中国最美的湖和天然的泉。我不知道这些美丽而自然的景点是否可能是吸引我的祖父去游玩的原因之一。

向你致以最深的问候。

徐善曾

Pong,

Thank you for sending this information about my grandfather's sojourns to Jinan.

The photos show some beautiful perspectives of Jinan which I hope to see the next time I return to Jinan.

Although I don't know very much about Jinan, I have been told this city has some the most beautiful lakes and natural springs in China.

I wonder if some of these beautiful and natural sights might have been part of the reason which attracted my grandfather to visit.

Very best regards,

Tony

十、逄金一致徐善曾（2012 年 12 月 30 日）

徐先生您好：

随时欢迎您来济南，我可以给您当导游。

《徐志摩与济南》的书稿再过几天就能完成了，约有 8 万字。您能为此书写一点东西吗？我们都希望您能够说些希望、要求或者感谢之类的话。我们想把它放进书里。我发现您没能回答我的问题。我知道您是一个谨慎的人。我们现在做的是公益事业，建造纪念公园不是政府行为，而是一些热爱诗歌、爱戴徐志摩先生的一些诗人。我们希望越来越多的人对此感兴趣，对它密切关注，因此我们想请您出手相助。它不会伤害到您的，而只会对您有益处。我希望能看到公园建起来。

祝好。

逄金一

Dear Tony,

Welcome to Jinan again at any times. I can be the guide to your tour to Jinan.

The book *Xu Zhimo and Jinan* will be finished recently, It has about 80,000 words. Can you write something to this book? We both hope you say something such as wishes and needs, and thanks etc., we want to put it in this book.

I find you seldom answer my questions. I know you are a careful and prudent man. Which we now doing is a public good business, to built（build）the memorial park is not the government's behaviour, but some poets who loved poem and Xu Zhimo. We want more and more people to follow with interest, to pay close attention to it, so we want you to have a hand in it. It will not be hurt to you, but only can be benefited to you. I hope to see the park be built.

Best wishes,

Pong

十一、徐善曾致逄金一（2013 年 1 月 4 日）

逄先生您好：

新年快乐！

首先对您盛情邀请我下次访问济南表示衷心感谢！

我很乐意在你们的书中写上几句话。但请给我一些具体的建议（除了您建议的希望、要求和感谢以外）。

除了要表达一些美好的愿望外，我还想再多说一些，但我不知说什么好。

我们都非常感谢济南那边为推广和展示我祖父的文学贡献而作的努力。因我们相距6500英里，我们不清楚该怎么提供帮助。如果你们能告诉我怎么办好，我们将尽我们最大的努力。

对你们的辛苦工作再次表示感谢！

徐善曾

另：我想到的一个建议是，如果你们想让我多写一点关于我祖父去济南以及为什么济南市是他人生中很重要的地方，但是我需要知道该写些什么。

Pong,

Happy New Year!

Thank you for your kind offer to show me around the next time we visit Jinan.

I would be happy to include some comments in your book. However please give me some specific suggestions that you would like me to include (beyond wishes, needs and thanks). I would like to say more then just some good wishes but I am not sure what be worthwhile.

We all greatly appreciate what is being done in Jinan to promote or showcase some of my grandfather's literary contributions. Being some 6500 miles it isn't obvious what is the best way that we can help this effort. If you can tell us what would be most useful, then we will try our best.

Thank you again for all your work,

Tony Hsu

Ps: One suggestion that I thought is if you would like me to write a little more about my grandfather's visits to Jinan and why Jinan was an important place that he visited during his life. But I would need to know what to write.

十二、逄金一致徐善曾（2013 年 1 月 4 日）

徐先生您好：

在我们的书中您写什么都是可以的。关于您提到的建议，我想您可以这样来写：

（1）写一下有关济南的事物，您对济南的印象和认识；写写她美丽的自然风景，比如喷泉；她的历史（她有 4600 年历史）；她的文化传统（这座城市出了两位伟大的诗人：李清照和辛弃疾）。

（2）写写有关徐志摩先生的事情。她是我们共同的记忆，共同的爱，共同的精神财富。

（3）可以再写写徐志摩先生去济南以及济南是他人生中一个重要的地方这个事情。您可以推测一下他去济南的原因。我想您的推测一定会很有价值，很有趣。在我看来，徐志摩先生去济南的原因可能有三个：这儿有他的朋友（王统照），有美丽的自然风景，有齐鲁大学，齐鲁大学现在叫山东大学。

（4）写写希望和感谢。

另外：1923 年 7 月，志摩到达济南后，志摩和他的朋友王统照又去了泰山。他们爬到山顶，看了美丽的日落。这段时间王统照也陪同泰戈尔到过济南。

逄金一

Dear Tony,

You can write anything in our book. About suggestions, I think you can write such thing:

(1) write something about Jinan, your impression and cognition, her beautiful natural scenes,such as springs, her long history (4600 years old), her culture tradition (this is a poem city which produce two great poets Li Qingzhao and Xin Qiji).

(2) write something about Xu, He is our common memorial, common love, and common spirit wealth.

(3) write a little more about Xu's visits to Jinan and why Jinan was an important place that he visited during his life. You can guess the reasons. I think your guesses must be valued and interesting. In my own opinion,

the reason Xu's visits to Jinan are three: there are his friend(Wang Tongzhao), there are beautiful natural scenes, and there are QILU university which now is Shandong university.

(4) wishes and thanks.

Pong

In addition, on 7,1923, after Xu got to Jinan, Xu and his friend Wang Tongzhao also got to Mount Tai. They got to the hilltop and watched the beautiful sunset. Wang Tongzhao also accompanied Tagore to Jinan on that time.

十三、徐善曾致逄金一（2013 年 1 月 25 日）

逄先生您好：

我想知道您能否给我提供一些关于你们的书的细节，这可能增加我对书的理解，对我写好赠言的内容有所帮助。请您知道，我是去年第一次到济南去。

您能告诉我一点有关作者的信息（包括您和您的合著者以前出版过的书籍和书名）。

是什么启发您写这本特别的书？这本书是大众读物还是学术著作?

您能通过电子邮件帮我发一下您最感兴趣的章节以便我对作品的语言风格做一个初步的了解吗？如果您发送的是电子版的，我可以试着将它翻译一下。

请把这部著作的目录也发给我，以便我能对本著作涵盖的内容做个了解。

您什么时候需要我的赠言？您希望您的书大概什么时候出版?

谢谢您。

徐善曾

Dear Pong,

I was wondering if you could give me a few details about your book, which would help me understand a little better how to write a meaningful letter. Please keep in mind that it was just this past year when I made my first visit to Jinan.

Can you tell me a little background about the authors (including what you and your co-author have previously published and the subject of these prior books).

What inspired you to write this particular book?

Is this book intended for popular reading or is this more of an academic book ?

Can you email a short section of your favorite part of the book so I can get a little idea of the tone of the book? If you send this as a digital copy, I can probably have it translated.

Can you also send me the book's table of contents, so I have an idea what this book covers.

When will you need my letter?

When do you hope your book will be published?

Thank you,

Tony

十四、逄金一致徐善曾（2013 年 1 月 30 日）

徐先生您好：

这几天我感冒了。中国的新年也要到了。

1. 作者是包括我在内的三位诗人。我们其中有两人已经出版了一些诗歌、散文方面的书，但因为我们还很年轻，我们并不是很出名。

2. 是什么促使我们写这本书？是因为爱和责任。我们爱戴徐志摩先生，我们热爱诗歌，我们想做一些有益于我们城市的事情。

3. 本书仅供对此书感兴趣或者了解当地文化的读者阅读。

4. 通过电子邮件已为您发送本书的个别章节和目录。

5. 什么时候需要用您的赠言？我想大概一个月就能用到。

6. 我们这本书大概在四五个月后出版。

祝好。

逄金一

Dear Tony,

I have caught cold these days. And Chinese year is near.

1. The authors are three poets, including me. We both have published some books, about poem and essay. But we are not very famous writers because we are young.

2. What inspired us to write this particular book? This is love and duty. We love XU and we love poem and we want to do something beneficial to our city.

3. This book intended for just popular reading and local culture reading.

4. Email you a short section of the book and the contents.

5. When will we need your letter? I think a month is enough.

6. Our book will be published about after 4 or 5 months.

Best wishes.

Pong

十五、逄金一致徐善曾（2013 年 3 月 18 日）

徐先生您好：

为本书写的赠言进展得怎样了？说些您的肺腑之言就行。本书和济南需要它。

您的关于您祖父的书稿进展怎样了？能告诉我们一些信息吗？我们也需要它。济南有很多人都想了解它，请为我们透露一些。

北京这个月就要出版《徐志摩全集》（台湾版），您知道吗？

祝好。

逄金一

Dear Tony,

How about the dedication letter to our book? Just say something from your heart. The book and Jinan need it.

And how about your book about your grandfather? Can you tell us something about it? We also need it. And Jinan have many people want to comprehend it. Please tell us a little.

And Beijing will publish Xu Zhimo complete works (Taiwan edition) this month, do you know?

Best wishes.

Pong

十六、徐善曾致逄金一（2013 年 3 月 20 日）

逄先生您好：

在您要求我给你们的书写赠言的时候，我就试着做一些关于济南（或者关于徐志摩）的调研，想把它放在赠言里。但是我不得不说我是在寻找我认为有价值的能放入赠言里的东西。

我不想让这篇赠言缺乏思想深度或者观察。如果您能为我提供些建议或者为我提供一些资料，将会对我完成这篇周到的（或者给人以启迪的）赠言提供助益。我很乐意为您的书提供赠言，但我需要一点帮助。您知道我只在去年去了济南一次，而且只待了一天。

在西方，给书写赠言是件很不寻常的事。通常都是一些对作者对书名的评论。这样的话，徐志摩先生受济南之旅的影响是值得一提的。为了写这方面的事情，我需要了解更多关于他去济南的有关细节。比如除了一次他与曾祖父一起去的一次外还有跟谁一起去的。您能告诉我更多关于他去济南以及他和同伴之间的信息吗?

徐善曾

另：如果您对我们之间的邮件往来信息进行保密的话，我会不胜感激。这样我们就可以更放开地来交流互动了。请确认一下您是否同意这样做。

Pong,

After you asked me to write a letter to include in your book, I tried to do some research about Jinan (and or about Xu Zhimo) to include in the letter, but I have to say I struggled at identifying what would be worthwhile to include in the letter. I wouldn't want this letter to be absent some meaningful thought or observation. If there is something (material or history) you can advise/ provide me, that would help me compose a thoughtful (or somewhat inspired) letter. I would love to contribute this to your book, but I need a little help. Also please keep in mind that I have only visited Jinan one time last year and it was only for a day.

In the West, it is fairly unusual to have a dedication letter in a book. More often there is some comment made about the authors or about the subject of the book. In this case it might be worthwhile to include some information about the how Xu Zhimo was influenced by his visits to Jinan. In order to write about this aspect, I would need to know more about his visits. Such as who he visited with beside the trip with his father. Can you tell me more about who he visited with in Jinan and a little about them?

Tony

ps: I would appreciate if you would keep our email dialogue private, so we can be more open. Please confirm if this agreeable with you.

十七、逢金一致徐善曾（2013 年 3 月 21 日）

徐先生您好：

我以您的秘书的名义写了一封信（这是我的荣幸），请对它进行必要的修改和补充。

欣闻《徐志摩与济南》一书即将出版，我心甚慰。恰如大家所熟知的，济南对我而言是一个极其特殊的城市，我对她有极其特殊的情感。济南是一个被大自然眷顾的城市，她有优美的自然风光，譬如有清澈的、几乎可以说是无与伦比的泉水景观；济南还有悠久的历史（有人告诉我她有 4600 多年的文明史！），有灿烂的文化传统（有人告诉我说她通常也会被当地人称之为“诗城”，她曾产生过两位大诗人：辛弃疾与李清照）。

但是，我的祖父却永远地留在了这里。现在，志摩先生不只是我的，也已经是我们大家的。他是我们共同的记忆、共同的爱与共同的精神财富。

徐志摩先生到过济南。因为那里有他的朋友，有美丽的自然风景，有齐鲁大学。我也很爱济南，因为那里有我的新朋友和美丽的风景。感谢所有热爱徐志摩先生及他的诗歌的朋友。再次感谢你们所做的工作。

期待有一天我会再去济南，与你们大家一起分享诗歌的思想、快乐与灵感。

逄金一

Dear Tony,

I wrote a letter as your secretary（that is my glory）, please revise and add something if necessary:

I'm very glad to hear there is a book about Xu Zhimo will be published recently on Jinan.

As you know, Jinan to me is a very special city and I have a very special feeling to it. Jinan is a very beautiful city with beautiful natural scenes,such as springs, with long history (someone told me it have 4600 years old), with splendid culture tradition (someone also told me this is a poem city which produce two great poets Li Qingzhao and Xin Qiji). But my grandfather had died here. Xu now is not only mine, but ours. e is our common memorial, common love, and common spirit wealth.

Xu had visit to Jinan. Because there were his friends, there were beautiful natural scenes, and there were QILU university. I also love Jinan due to the new friends and his beautiful natural scenes. Thanks to all the friends who love Xu and his poems. Thank you again for all your work.

I expect someday I will go to Jinan again to enjoy the thought, merry, and inspiration from poem with all of you.

Tony Hsu

十八、逢金一致徐善曾（2013 年 4 月 2 日）

徐先生您好：

我前几天以秘书名义帮您写的书的赠言怎么样？您可以按照自己的想法进行修改然后发给我。您知道我们需要它。

我曾经给您说过的齐鲁大学，对您来说可能有点奇怪，目前发现它的名称还叫 Cheeloo University (1904-1949)（齐鲁大学）或山东基督大学。

逢金一

Dear Tony:

I wrote a letter as your secretary several days ago, how about it? You can just revise it as you think and then give to me. You know we need it.

I told you about Qilu University, this is maybe strange to you, now find out its name also is Cheeloo University (1904-1949), or Shantang Christian University.

Pong

十九、徐善曾致逄金一（2013年4月5日）

逄先生您好:

谢谢您寄送的草稿。我让我的一位私人朋友与您具体沟通一下,看看赠言内容能否达成我们都喜欢的样式。

目前您的草稿是一个很好的开始，但我想让它包含更多的信息或内容，让赠言显得更加铿锵有力。

我希望我的朋友与您能够沟通一下我觉得什么样的信息可以帮助实现这个结果。由于我们来回通过邮件很可能不能有效地实现这一结果，这就是我让我的朋友与您沟通的原因。希望您看到我的诚意。然而如果您觉得这样做很麻烦，那么我们就不要这样做了。我觉得我们需要通过这个过程让这个赠言更有意义。

我的朋友说一口流利的中文，会从美国将电话打给您。您那边有没有一个用于加强联系的固定电话（非移动电话）?

同时，请告诉我给您打电话的最佳时间，他会在约定的时间内给您打过去。请注意一下加州时间与你们当地时间的时差。

请通过邮件告诉我固定电话和适当的时间。我想我的朋友会在下周三或稍后的时间跟您通电话。

徐善曾

Pong,

Thank you for sending your draft letter. I asked a personal friend of mine if he could speak with you to try to get this letter to a point that you and I both will like.

At the moment your draft is good start, but I would like to include more information or content to make the letter considerably stronger.

I would like my friend to communicate with you what kind of information that I feel would help us achieve this outcome. Unfortunately our sending email messages back and forth most likely will not allow us to complete this efficiently, which is why I asked my friend to speak with you. I hope you can see my intent as sincere. If however, you feel this is too much trouble, then we do not need to do this. This is something I feel we need to go through this process to make this letter worthwhile.

My friend is fluent in Chinese and will be calling from the US. Is there a "land" line (non-mobile line) so that you can have a strong connection.

Also if you can give me the best time to reach you, he can call you at some agreed time. Please note the time difference between California and your local time.

Please email me a good land telephone line and a suitable time. I think my friend will be able to call you next Wednesday or later in the week.

Tony

二十、逄金一致徐善曾（2013 年 4 月 7 日）

徐先生您好：

谢谢您如此认真对待。

逄金一

Dear Tony:

You and your friend can call these phones anytime, except that if I go to sleep, I will close my mobile phone.

Pong

二十一、逢金一致徐善曾（2013 年 4 月 7 日）

徐先生您好:

这是中文草稿，我的英文实在太差了。您能告诉我陈先生的电子邮箱以便必要时我与他交流吗?

Dear Tony:

This is the Chinese draft. My English is really too bad.

Can you tell me Mr. Chen’s e-mail, so I can talk about with him when necessary?

附：

欣闻《徐志摩与济南》一书即将出版，我心甚慰。

恰如大家所熟知的，济南对我而言是一个极其特殊的城市，我对她有极其特殊的情感。济南是一个被大自然眷顾的城市，她有优美的自然风光，譬如有清澈的、几乎可以说是无与伦比的泉水景观；济南还有悠久的历史（朋友们告诉我她有 4600 多年的文明史！），有灿烂的文化传统（朋友们告诉我说她通常也会被当地人称之为“诗城”，她曾产生过两位大诗人：辛弃疾与李清照，她还被其他很多的“名士”所拥戴）。

但是，我的祖父却永远地留在了这里。那时他还那么年轻、风华正茂。这对我是一件悲伤的事。不过，时间已经平息了一切。

现在，志摩先生不只是我的，而已经是我们的。他是我们共同的记忆、共同的爱与共同的精神财富。

我祖父曾去过济南。而且正是通过《徐志摩与济南》一书，我才第一次知道祖父曾经三至济南。济南对于祖父而言是一座巧合之城，就连他出事所坐的飞机也是“济南号”。但我无从确知祖父三至济南的所有秘钥。我知道有一个原因是济南有他的朋友王统照先生，再就是济南有美丽生动的自然风光。

现在，我在济南也有了一些新朋友，他们为我祖父、为美好的诗歌，在做一些有益的工作。谢谢你们！感谢你们所有的付出！

期待有一天，我能再访济南，与大家一起分享诗歌带给我们的快乐、幸福与宁静。

二十二、徐善曾致逄金一（2013 年 4 月 9 日）

逄先生您好：

谢谢您寄来的这份草稿。

陈伟业先生的电子邮箱地址是：（编者注：此处略）

伟业昨天跟你聊得很愉快。

我想我还有一个更好的想法，也是您一直期待的。

谢谢您。

徐善曾

Pong,

Thank you for sending this draft.

Al Chen's email address is:（编者注：此处略）

Al enjoyed speaking with you yesterday.

I think I have a much better idea what you are looking for.

Thank you,

Tony

（编者注：这中间，与在加州的陈先生有了一些通信与电话联络。）

二十三、徐善曾致逄金一（2013 年 5 月 28 日）

逄先生您好：

我与我的好友陈伟业先生在与您沟通的过程中一直

都保持着联系。他告诉我赠言的事情已经完成交给你们文学社了。伟业还告诉我您和您的同事为研究和推动我祖父的作品所做的重要工作。

感谢您让我们的家庭担任了如此重要的角色。

也感谢您为确保我发送的信息准确无误、意义非凡做出的努力。我期待收到新书出版、纪念动员的建设进展情况以及你们文学社发展的消息。

期待将来再次见到您。

徐善曾

另：我想您一定会关注最近播出的关于我祖父的CCTV 节目。你有机会看到大部分情节吗？如果您有机会对这部影片就您的观察和观点进行总结，您有兴趣发表自己的评论吗?

Pong,

I have been in touch with my good friend Albert Chen throughout this process and he has advised me that we are pretty much completed with the letter and message to your society. Al has also informed me of the important work you and your colleagues have undertaken to study and to promote the works of my grandfather.

Thank you, from our family for taking on this important role.

Also thank you for making sure the message, I sent was both accurate and meaningful. I look forward to hearing news about your book, any developments with the memorial park in Jinan and the progress you make with your literary society.

I look forward to meet you again in the future.

Tony

ps: I assume you must seen the recently broadcasted CCTV program about my grandfather. Have you had a chance to see most of the episodes? Would be interested in your comments about the film if you have a chance to summarize your observations and perspectives.

二十四、逄金一致徐善曾（2013 年 5 月 28 日）

徐先生好！

谢谢您对我们工作的肯定。徐志摩先生是我们的偶像级人物，他的诗歌我们都喜欢，前几日再读他的诗歌，我惊讶地发现远隔这么多年，还能依旧打动我。所以我们现在所做的工作，都首先是源于喜欢。其次，我们这个团队想为地方文化做些事业，为将来留点东西。这是件高尚的事业。我们乐意为之忙碌。

但是困难也不少。我们的工作只能是一点点来做。目前一是《徐志摩与济南》一书肯定会出版，暂定为济南出版社出版，时间是十月前后。二是我们想推动把志摩去世的那座山命名为“志摩山”，因为它的名称本也不一。再次，“徐志摩文学馆”大约会在明年成立，馆址就在“志摩山”的背面，与设想中的纪念公园正对着，山前与山后。

央视的志摩纪录片我看过片段,新的内容是不少的,不过没看全,不好评价。最近关于志摩的新闻还是不少的,宁波立了铜像,台湾出了全集。

我会随时保持联系的。

因为英文不好,用英文写会用去太多时间,所以就写了中文信了,麻烦陈先生转一下吧。

逢金一

(本文英文部分,由李银凤小姐协助译出,谨此致谢)

附录

◀徐善曾先生受邀回国参加纪念徐志摩先生诞辰

逄金一

异国他乡的深情牵挂——徐志摩后人的故事

（一）

提起徐志摩（1897.1.15—1931.11.19），我们都知道他是中国新文化史上的一代才俊，中国新诗的一代开山始祖——中国现代著名诗人、散文家、翻译家，新月派诗歌的灵魂人物。他给梁任公做门生，与胡适之为腻友，为泰戈尔做通译；他被喻为“中国的拜伦”“新月下的夜莺”；而他自己说“我是天空里的一片云”，是天教歌唱的“一只痴鸟”。

但是，志摩后人今何在？他们当中是否也有超常诗歌天赋的人？他们眼中的志摩是什么样子的？他们的近况又如何？这一切好像极少有人知晓。

凡事皆有缘。一个偶然的机会，笔者跟徐志摩嫡孙徐善曾先生见了面，聊天、访谈，互留通信地址，至今还保持着良好的沟通与联系。

那是2012年6月4日，“2012中国济南徐志摩研讨会”在济南舜耕山庄召开。徐善曾博士与其女儿徐文慈特意从美国前来参加此次研讨会。会议由首都师范大学中国诗歌研究中心、中国诗歌学会和“以教育促进世界更美好”国际教育学会(PMME)联合主办，山东省侨务办公室和济南市侨务办公室协办。我作为少数几位获准参会的记者，同时也作为一位喜爱志摩诗作的诗人“潜入”此会，又因为会几句英语，与善曾先生同为“博士”（但人家善曾先生可是耶鲁大学的博士，咱的只是山东大学的，还差不少等次），在研讨会之前，就大着胆子，以聊天的方式对善曾先生进行了简短而愉快的采访。

徐善曾先生虽不是社科人文方向的学者，却也是一位文质彬彬、温良和蔼的长者。由于他久居海外，不会中文，而我的英语水平也是“蹩脚”，在一时没有翻译的情况下，交流起来也是口忙嘴乱的。但基本的沟通还没有太大问题，提议与他合影，他愉快地答应；请他写几句话向济南与山东诗人、读者问好，他也积极地配合。由于我的名片上没同时印有英文，他刚开始以为我是《中国日报》的记者呢。

他提到，在这次短暂的济南之行中，除了此次研讨会的召开，他还与家人一起专程去济南长清祖父遇难处进行了悼念，颇为难忘。问及对济南的印象，他说这是第一次来济南，对这座城市并没有深入的了解。一路之上的看与听，感觉济南不是一个特别现代化的城市，但也颇具规模，发展前景是远大的，相信在不久的将来，济南会成为一个更具有国际水平的美丽的城市。

善曾先生是耶鲁大学的工程学博士，是志摩第三代后人中唯一的男丁。他表示对祖父没有直接印象，但却相当推崇，“祖父也许不是一个家庭式的男人，没有太多时间留给自己的家人，但是他对自己的文学创作却相当坚持。”善曾先生表示希望亲自感受祖父的文学，数年前他特别对祖父的生平做了一些研究，但因为有关徐志摩的英文文献缺乏，所知有限，于是他又去了欧洲，特地到祖父留学过的地方走了一趟，如伦敦、剑桥大学与巴黎等地，追踪祖父的足迹。虽然徐善曾的中文能力有限，但他的心愿是写一部以徐志摩为故事背景的小说。

这些话题为以后我与他的联系奠定了基础。

在此次研讨会上，善曾先生还做了“WHY I SEARCH FOR XU ZHIMO”（为什么我要追寻徐志摩）的发言。他严谨而不乏深情地说，自己66岁了，已退休在家，现在全世界行走，寻找祖父足迹。小时候的美国家里有幅祖父的像，每天他从这幅像前走过，穿着中式服装的祖父与周围穿着西装的人们是那样的不同，让他感受特别明显。他说寻找祖父的最大驱动力在于童年世界中缺少了祖父的音影，而他最大的遗憾是自己不能讲中文。他的祖父在文学方面的成就以及巨大影响力，是他慢慢感受得到的。在长大后，他不断地听到周围的学者提到他祖父。于是他也慢慢意识到祖父是一个重要的文化遗产。他从俄国、印度寻找到中国，从上海、北京、南京、海宁再寻找到济南，他感觉到：自己离祖父越来越近了。

二

而对于徐志摩来说，2012这一年是个比较特殊的年份——1月15日是他115周岁诞辰；此一年，海宁市政府投入百万元资金对志摩故居重新布展；11月17日至19日，在徐志摩逝世81周年之际，海宁市举办了第三届徐志摩诗歌节，徐志摩故居也于此月18日正式重新开放，而央视与海宁市政府联合摄制的大型文化纪录片《徐志摩》同时举行了首播仪式。

这一年的9月5日下午，徐善曾和大姐徐萁悄然现身海宁硖石徐志摩故居，作为徐志摩的嫡孙，近几年他们多次回到故里，这是他们当年的第三次回乡。

徐善曾一行，此次正是应邀到徐志摩故居拍摄纪录片《徐志摩》的部分镜头。此前，徐善曾随央视摄制组远赴英伦，帮助摄制组找到徐志摩当年生活和学习过的地方，和可能激发他写作灵感的田园景色。

让人印象深刻的是，志摩后人每次回海宁，都极为低调，不愿惊扰他人，不由让人想到志摩的诗句：“轻轻的我走了，正如我轻轻的来。”

一直来保持低调神秘的徐志摩后人，这次集体亮相——他们的精彩人生构成了重新布展后于此年9月28日试开放的徐志摩故居一个新增展览板块。

志摩嫡孙——徐褀、徐放、徐行和徐善曾，他们的合影笑容灿烂，他们的才情让人惊喜。

这是志摩后人的首次“高调”亮相。

此前，坊间对志摩子嗣不甚明了，多有讹传。笔者在征得徐善曾先生同意后，并经由他介绍，与浙江《嘉兴日报》副刊《江南周末》著名记者沈秀红取得了联系，得到了她的全力支持，获得了一些一手资料。

这些资料显示，志摩后人都在美国接受了良好教育，四位嫡孙均在各自的领域有着不俗的表现。

三

还必须说一说徐志摩和济南的渊源。

1931 年 11 月 19 日，一代诗人徐志摩先生因飞机失事在济南遇难，诗人去了，但他把自己的诗魂永远留在了济南，从此为这座文化名城增添了一份更为永恒的文化印迹。

但在此之前，徐志摩还曾三至济南，即使是济南人，也少有人知。这事儿甚至连徐善曾都不曾知道。当我从《徐志摩与济南》作者之一、诗人陈忠那里听到相关考证并通过电邮向徐善曾提起时，远在美国的他立刻发信来问具体细节，来来往往的信件达二三十封之多。

“志摩君曾三次来到济南，每次都让他流连忘返，”图书《徐志摩与济南》主创作者、诗人陈忠介绍说，“最有名的一次，是在 1924 年 4 月 22 日。这一次很多人都知道。”这一次，徐志摩是陪泰戈尔来济，同行的还有林徽因、王统照等。单看第二天济南报纸上那醒目的新闻大标题，你就能知道当时的盛况——“东方诗神偕同金童玉女抵济！”“世界著名长髯诗翁泰戈尔先生、长袍面瘦诗人徐志摩和人艳如花的林徽因小姐在一起如同一幅动人的松竹梅画卷……”

这一次来济，“志摩君跟随泰戈尔三次公开演讲，登台翻译，陪同泰戈尔参观了齐鲁大学，和林徽因陪同泰戈尔参加了济南各校校长在铁路宾馆的宴请，陪同泰戈尔到济南第一师范学校参加了山东省、济南市各界欢迎泰戈尔的大会，并做了题为《一个文学革命家的供状》的演讲。在演讲开始之前，志摩君先给大家介绍了泰戈尔及此次来华访问的一些情况，随后又为泰戈尔的演讲做了翻译。志摩君诗一般的翻译语言为泰戈尔的演讲增辉生色不少，使听众如痴如醉。演讲持续至黄昏时分才结束，在泰戈尔一行离开师范学校之前，志摩君还应大家的要求朗诵了先前写给林徽因的一首诗《你走》。其间，志摩君还陪着泰戈尔走马观花般游览了济南泉水。他还告诉王统照，有时间一定会再晤济南。”

徐志摩还有两次来济南，很少有人知道，而这也正是徐善曾特别关心的。据陈忠考证，第一次是1914年8月22日，“这一年志摩君中学毕业，考入北京大学预科。他的父亲徐申如送他赴京。22日3时，他和父亲乘坐的火车抵达济南，当志摩君看到那座哥特式建筑风格的火车站时，被它那特具巴洛克建筑风格的圆柱形钟表楼的宏伟壮丽惊住了！”“还有一次，是在1923年7月，”陈忠说，这一次是应好友王统照之约，和瞿菊农等人一起来的济南。“这天晚上，他们品尝了黄河鲤鱼。饭后又去逛大明湖。”对此，王统照还专门写作了《悼志摩》一文予以记述。文中如此说：“那时虚空中只有银月的清辉，湖上已没有很多的游人，间或从湖畔的楼上吹出一两声的笛韵，还有船板拖着厚密的芦叶索索地响。志摩卧在船上看着疏星明月，口里随意说几句话，谁能知道这位诗人在那样的景物中想些什么？不过他那种兴致飞动的神气，我至今记起来如在目前。”之后，他们一行还去了泰山，看来一路游兴颇浓。“此后，志摩君的足迹再没有踏上过济南，但他并没有和济南断了联系。”陈忠最后说，“当担任过山东大学校长的赵太侔，在1929年被任命为山东省立实验剧院院长时，赵太侔曾聘请志摩君和洪深、梁实秋等人一起任通讯导师，剧院就设在济南，志摩君非常高兴地接受了聘请。”

而在志摩遇难后，济南人民也并没有忘记这位著名诗人。1987年深秋，济南著名作家任远先生专门到党家庄、炒米店一带做实地考察，并访问了当年亲眼见到过飞机残骸的老农，确定徐志摩先生殉难地在开山北端一处叫北大山的东坡，也就是今天的开山，从此确认了徐志摩先生遇难的实际地址。

2006年3月27日，经过诗人王夫刚等人努力奔走，诗刊社和长清区政府在开山隆重举行纪念徐志摩活动，并举行了徐志摩纪念公园揭幕仪式，来自北京、山东的众多著名诗人参加了活动，自此在徐志摩先生遇难地有了可以凭吊的纪念标志。随着长清大学城众多高校的入住，每年的清明和先生的逝世纪念日都会有大量青年学子前来献花追思，纪念这位杰出的诗人。

2007年11月19日，来自徐志摩故乡浙江海宁徐志摩研究会的同人，在长清徐志摩公园树起了“志摩故乡人民怀念你”纪念碑。

2010年，作为济南市政协委员的王展，在市政协会议上提交了关于尽快规划建设徐志摩文化公园建议的提案，受到多家媒体的关注，这项工作也引起了当地有关部门的重视。

2011年8月，在徐志摩先生遇难八十周年前夕，济南市作协、长清区委宣传部、崮山街道办事处在长清举行纪念徐志摩遇难80周年座谈会，与会专家冒雨到徐志摩纪念公园凭吊并敬献花篮。

2012年8月3日—5日，“济南－海宁徐志摩研究交流座谈会”在志摩的故乡海宁召开。笔者参加了此次座谈会。会后，济南作协即开始着手编辑《徐志摩与济南》一书，并酝酿成立济南徐志摩研究会。

2012年11月，由济南市作协、济南市园林文联牵头，济南市园林规划设计研究院具体承担的徐志摩济南纪念公园设计图正式出炉。纪念公园园址初步确定位于徐志摩遇难处的山坡上。

2013年5月18日，济南市作家协会徐志摩研究专业学术委员会（简称济南徐志摩研究会）在济南市林业局西山基地举行成立仪式，陈忠担任了主任，笔者为副主任之一。也正是通过我的居间联系，徐善曾先生向大会发来了致辞。

2014年11月，陈忠、王展与我合著的《徐志摩与济南》出版。这是目前海内外难得的一本全方位记述徐志摩与济南的故事的文集，披露了徐志摩遇难前后鲜为人知的诸多细节，整合并弥补了国内外徐志摩研究的不足和缺失。在我的力邀下，善曾先生从美国专门为此书写了饱含深情的序言。

四

也正是在与善曾先生的频繁通信中，一组颇有作为、低调、幸福的志摩后人群像出现在我的视野中。

早年，徐申如，这位海宁经济发展和现代化的先驱，曾寄望儿子（志摩）能承继父业，不承想儿子却偏偏喜欢上了诗歌。时光荏苒，他的曾孙（善曾）却追随他，在商界表现出异于常人的禀赋。有人风趣地说，这大概是另一种“隔代遗传”。而许多人同时发现，年轻时的徐善曾与祖父徐志摩有着一样清秀俊逸的外表，有人甚至用“简直是一个模子里刻出来的”来描述两人容颜的“隔代遗传”。而徐善曾的父亲徐积锴（小名阿欢）长得似乎更像母亲张幼仪。

1935年，徐积锴认识了漂亮的张粹文。他们于1938年结婚，随后养育了三个女儿和一个儿子：徐棋、徐放、徐行和徐善曾。

徐积锴1941年毕业于上海交通大学土木工程系。母亲安排他像当年他的父亲徐志摩一样到美国留学。

1947年12月，29岁的徐积锴和张粹文将当时分别只有7岁、3岁、2岁和1岁大的四个孩子托付给在上海的母亲张幼仪，来到美国。他们计划完成学业后回到海宁管理家族企业。

在纽约，徐积锴白天供职于一家名为宇宙贸易的进出口公司，晚上刻苦攻读商科。一开始他入读的正是父亲徐志摩当年就读的那所著名大学——哥伦比亚大学。而张粹文在特拉法根设计学院学习时装设计。她的作品曾在纽约第五大道的萨克斯精品百货公司的橱窗里展出过。

20世纪40年代末期的中国动荡不安。1949年，张幼仪将四个孩子带到了香港，以期让他们早日与父母团聚。1952年，美国移民局终于批准了四个孩子的移民签证，但张幼仪却被拒签，不得不滞留在香港。对这位富有远见和牺牲精神的祖母，四个孩子都怀着深深的敬爱。

幼时的善曾由张幼仪一手照顾。善曾一直记得祖母对他和姐姐的关爱和教诲。“她富有同情心，但对我们提出较高的标准，她还是一个聆听者，并善于分享她的看法。”善曾说，“祖母对家庭和朋友有一种特殊的情感。”

少年善曾和姐姐移居美国后，张幼仪在香港通过书信与他们保持联系，每一封信里都带着她对孙辈的无限慈爱。“我们之间的纽带十分牢固。”善曾说，“我与她仅仅一起生活了我人生开头的六年，但她对我们所有人都产生了毕生的影响。”

成年后的善曾更多地了解到了张幼仪的早年生活。在欧洲，面对徐志摩提出离婚和远离家庭的巨大压力，她历经艰辛，但都坚持了下来。她一个人抚养次子彼得，学了一口流利的德语，并进修成为了一名教师。“她克服了她人生不同阶段的各种巨大困难，并表现出极大的韧性及勇气。”他说，“她不但个性坚强，也有远见卓识，这些都是她在事业和生活中取得成功的原因。”

徐善曾正是通过张幼仪了解到了祖父徐志摩。“每当祖母提到祖父时，她总是尽可能地回忆。她经历了这么多苦难，但是到最后，他们还是作为朋友相互尊重和钦佩。她对他们之间发生的事情是冷静的。”

忆起父亲徐积锴的性格，徐善曾说：“他是一个时而严肃，时而幽默的人。他很谦虚，生活简单，有些孤僻，但总是考虑周到，并乐意帮助朋友。由于他要抚养四个孩子，所以他需要十分细心地管理他有限的资产，但总是慷慨乐施，帮助那些比他穷一些的人。”他极为努力地工作，以此来表达他对家庭的关爱。他曾一度同时兼两份工作，晚上还去研究院进修。

“可以说，我们的父子关系就像许多20世纪50年代移民美国家庭一样。”徐善曾说，“我从来不惧怕他，但是我深深地敬重他。”

说起父亲与祖父徐志摩之间的关系时，徐善曾说：“我的父亲非常钦佩并尊重他的父亲作为一个诗人所取得的成就。但是他也有自己的想法和天赋。要问为什么我的父亲不也成为一个诗人是有些不公平的。今天有多少子女长大后从事他们父亲或母亲一样的事业？如果徐志摩继承了他父亲的事业，那么我们就永远欣赏不到他的诗歌了。重要的是，每个人应当寻找属于自己的热情。”

五

徐善曾在他家位于纽约的一处简陋的住宅中长大，老宅餐厅的玻璃柜里摆放着一张祖父的镜框相片。在这张照片上，徐志摩穿着一件丝绸夹袍，戴着圆框眼镜，这和他的孙子常常穿的T恤衫和牛仔裤形成了鲜明的对比。“当我还是一个孩子的时候，我时常会盯着他的脸，默默地请求他跟我讲讲他的一生。”徐善曾说，“他在我出生的15年前就已经去世了。”

这份幼时的好奇导致他深深地尊重并崇拜他祖父在他短暂一生里所取得的成就。徐善曾佩服祖父的文学对中国的影响，以及他丰富的生活阅历。

当还是密歇根大学物理和工程学的一名学生时，徐善曾就开始搜集祖父的资料。这些年来，他的兴趣有增无减。为祖父立传的想法不停酝酿发酵。

1997年徐善曾跟随父亲一起到海宁，当地有名的文化人、与我曾有过一餐之交的章景曙发现他话很少，但对祖父的事迹很关心，详细询问了关于徐志摩《府中日记》遗失又找回一事。

此后，徐善曾多次携家人回海宁。2012年6月，应邀在济南参加了徐志摩研讨会后，徐善曾一行再次回海宁。他们先后到殳山和西山祭扫了徐申如墓和徐志摩墓，还踏访了新近发现的徐志摩东山墓葬旧址。

志摩墓葬旧址是海宁资深“摩丝”（志摩粉丝的昵称）、我的好朋友张云鹏在硖石东山东面一个半山坡发现的，当年徐志摩就葬在这里，“文革”时墓被毁，后来徐志摩墓被移建于西山。他们看到的东山旧墓址一片碎石乱砖，唯剩两根疑似用于祭台的方形石柱，无声地诉说着什么。

在徐志摩故居，徐善曾一行详细询问了祖父在海宁的很多情况，向志摩故居赠送了一组十多张老照片和两件纪念品。纪念品是一座水晶徐志摩像和一个剑桥大学专门为纪念徐志摩定做的限量瓷盘，上面都刻着徐志摩《再别康桥》里的诗句：“轻轻的我走了，正如我轻轻的来。我挥一挥衣袖，不带走一片云彩。”

回到美国后，徐善曾迅速通过联邦专递寄来书信，希望祖父在东山的墓葬旧址能得到妥善保护。很快，政府部门做出积极反应，徐志摩东山墓葬旧址被保护了起来。

在耶鲁大学，徐善曾取得了三个学位：理工硕士学位、哲学硕士学位和一个应用物理博士学位。他还有密歇根大学的一个电子工程学士学位。

他最初在华盛顿的美国原子能委员会工作，后在纽波特公司（一个激光技术公司）担任执行管理部门的高级管理，前后工作了13年。

20世纪90年代末，徐善曾成为Tech Coast Angels机构的创始人之一。这个机构致力于发展成功的风投科技公司。徐善曾的转行从商十分成功，和他的曾祖父一样，他成为一名企业家，只不过他办的不是传统的工商企业。他试图与企业家们分享他的经验。

徐善曾的妻子徐包舜如，学习时装设计专业，是一名纽约的儿童时装和布料设计师。他们有一个女儿：徐文慈。

徐善曾在信中对我说，他本计划在2013年初完成祖父传记这一复杂故事的首稿，但这一工作对任何人来说都是一项挑战，何况徐善曾有工科背景，可没有文科背景，而且他受的教育都是英文的，他只能依赖英文翻译来阅读祖父的诗歌和有关他生活的文稿。

过去几年，徐善曾开始满世界地搜集祖父遗留的资料，拜访他学习和生活过以及那些对他产生重大影响的地方。这其中包括英国、印度、俄国以及中国的许多城市。

徐善曾说："我正在寻找这些地方的美、深度和意义。"

六

在与我的通信中，善曾先生还谨慎地提及他的三个姐姐。

他的这三个姐姐同样才华出众，并在各自不同的领域有所建树。

大姐徐椇一向对数字和金融感兴趣。她在纽约大学学习了应用数学并获取工商管理硕士学位，专长是运筹学和经济学。在其后的三十年里，她在计算机工业（IBM）、航空业（美国航空公司）和华尔街金融投资业（Donaldson, Lufkin & Jenrette）分别工作了十年。在美国航空公司工作期间，她特别对导航工作感兴趣，运用其所学的有关航空预定系统的知识，监测航班盈利和设计机场终点站。航空公司的工作还给了她周游列国的机会。就如同当年她祖父徐志摩所热爱向往的一样，她因此游览了世界各地的古文化遗址。

被认为与祖父长得颇像的徐祺，同样对飞行有着浓厚的兴趣，她学会了飞行驾驶。

徐祺生有一子：金昌润。

二姐徐放是一名艺术家和设计师。她毕业于纽约普拉特学院的室内设计专业。此后她曾任职于纽约、波士顿和香港等多个建筑设计公司。退休后，她担任其公公开设的基金会董事长，扩大了基金会的资助范畴以帮助改善世界各地贫困儿童的健康、教育和生存环境。现基金会已经在中国内地、香港地区、泰国、印度和美国为儿童建立了小学、宿舍、卫生设施并进行其他教育资助。在中国内地，基金会已在江苏、广西、云南和安徽提供了大量的慈善资助。

张幼仪一直以来鼓励她的孙辈帮助那些需要帮助的人。孙女徐放实现了她的这个理想。

徐放生有两子：支世杰和支世烈。

三姐徐行从事的是教育。她在取得南加州大学教育博士学位之前，曾在幼儿园、小学和中学教书。取得博士学位后，她成为加州州立大学奇科分校的教授兼Tri-

Placement Teacher Preparation 项目的主任。她的指导项目包括帮助从幼儿园到高中的教师如何取得资格证书。她热心于帮助年轻学生，并乐于和在经济和教育背景上占弱势的学生群体分享她的工作热情。

她的祖母张幼仪曾希望回到海宁开办一所女子学校，让女性获得同等的教育机会。徐行实现了祖母的这一梦想。

徐行生有一对孪生儿子：毛显孟和毛显伟。

徐家后人十分重视祭祖。自 1990 年以来，徐志摩第四代后人已经多次回到海宁。2012 年 7 月，徐志摩第五代后人开始沿袭祭祖的家风。徐行和毛昭宸的儿子毛显孟携带妻子马材珠及其两个儿子——10 岁的毛贤杰和 9 岁的毛贤睿参观了徐志摩故居，并到徐申如和徐志摩的墓前祭拜。

七

今年已届古稀之年的徐善曾先生这一生有遗憾吗？

有。至少有一个。2012 年 11 月，徐志摩济南纪念公园设计图正式出炉，我在《济南日报》上刊发报道了此事，并把相关信息第一时间发给远在美国的徐善曾先生。由于他不识中文，我以简单的英文将整个事情向他做了简要的描述，他通过传过去的图片与我的片言只语，感受到了从没有过的心灵冲击。他很快便回信表达了他的感谢之情与赞美之意：他用“优美的”“美妙的”“精致的”来评价志摩纪念公园设计图，他说：“The architect should be commended for his exquisite design which was beautifully conceived.（设计图构思优美，设计精致，设计师应该得到褒扬。）”他又赞叹说：“What a wonderful thought to honor my grandfather.（这是一个多么美妙的想法，它将为我祖父增光添彩。）”徐善曾热切地想知道志摩纪念公园与《徐志摩与济南》一书的所有具体情况，他有些迫切地问到纪念公园的具体建设情况、《徐志摩与济南》一书所涉及的方方面面。“If not too much trouble please let me know of any developments.（如若不很麻烦的话，请尽量让我彻知它们所有的进展情况。）”

《徐志摩与济南》一书现已经顺利出版，但是，由于种种原因，徐志摩济南纪念公园至今还停留在图纸上，这是一件让善曾先生特别记挂的事情，如果在他有生之年不能建成，将会成为他的十分遗憾之事，从他与我的通信中，我能强烈地感受到这一点。

希望，新的缘分及时到来，使我们不会让这位老人、让所有拥戴志摩诗歌的“摩丝”们失望。

（本文要特别感谢我的忘年交韩石山先生，他所著的《徐志摩传》为本文写作提供了很多翔实的资料，同时还要感谢浙江《嘉兴日报》副刊《江南周末》著名记者沈秀红女士，她坦诚地与我分享了她手头的诸多珍贵资料）